40

Das Andere

40

Das Andere

Natalia Ginzburg
Não me pergunte jamais
Mai devi domandarmi

© Editora Âyiné, 2022
© Giulio Einaudi editore s.p.a., Torino,
1989, 1991, 2002, 2013 e 2014

Tradução: Julia Scamparini
Edição: Maria Emilia Bender
Preparação: Juliana Amato
Revisão: Fernanda Morse, Mariana Delfini
Imagem de capa: Julia Geiser
Projeto gráfico: Daniella Domingues, Luísa Rabello

ISBN 978-65-5998-034-5

Âyiné

Direção editorial: Pedro Fonseca
Coordenação editorial: Luísa Rabello
Direção de arte e produção: Daniella Domingues
Coordenação de comunicação: Clara Dias
Assistência de comunicação: Ana Carolina Romero, Carolina Cassese
Assistência de design: Lila Bittencourt
Conselho editorial: Simone Cristoforetti, Zuane Fabbris, Lucas Mendes

Praça Carlos Chagas, 49. 2º andar. Belo Horizonte 30170-140
+55 31 3291-4164
www.ayine.com.br | info@ayine.com.br

Natalia Ginzburg

NÃO ME PERGUNTE JAMAIS

TRADUÇÃO Julia Scamparini

Âyiné

Sumário

11	A casa
27	A velhice
33	A preguiça
41	A cidadezinha de Dickinson
47	Dillinger está morto
53	A minha psicanálise
61	Cem anos de solidão
67	Infância
73	Não me pergunte jamais
79	As tarefas domésticas
85	Um mundo enfeitiçado
89	O grito
95	A crítica
101	A conspiração das galinhas
107	Viajantes desajeitados
113	A grande senhorinha
119	Às margens do Tigré
125	Coração
131	Vida coletiva
137	Dois comunistas
143	Vilarejos
149	O menino que viu ursos
155	Filme
161	O ator

167 Teatro é palavra
173 Bigodes brancos
189 Lua palidasse
211 Infância e morte
215 Sobre crer e não crer em Deus
229 Interlocutores
237 Piedade universal
243 Retrato de escritor

251 Advertência

para Gabriele

Na estrada desconhecida
e infinita você segue.
Só pede à vida
que continue assim.

Sandro Penna

A casa

Anos atrás, depois de vender um imóvel que tínhamos em Turim, começamos a procurar casa em Roma, e essa busca durou um bom tempo. Eu desejava um lugar com jardim havia anos. Quando criança, em Turim, tinha morado em uma casa com jardim e a que eu imaginava e desejava era parecida com aquela. Não me contentaria com um jardinzinho mirrado, eu queria árvores, uma bacia de pedra, arbustos e caminhos: queria tudo o que havia no jardim da minha infância. Lendo os classificados do *Messaggero*, às quintas e aos domingos, eu me detinha nos anúncios que diziam «casarão com amplo jardim de dois mil metros quadrados, árvores de grande porte»; mas, depois de um telefonema ao número informado, descobria que «o casarão» custava trinta milhões. Nós não tínhamos trinta milhões. No entanto, às vezes a voz que respondia ao telefone dizia «trinta milhões negociáveis»; aquela palavra «negociáveis» me impedia de renunciar completamente àqueles dois mil metros quadrados de jardim, que eu não havia ousado visitar, mas que imaginava magníficos: aquele «negociáveis» me parecia um terreno escorregadio sobre o qual era possível deslizar até chegar à soma, muito inferior a trinta milhões, de que dispúnhamos. Pontualmente, toda quinta e todo domingo eu examinava os anúncios do *Messaggero*. Pulava todos que começavam com «Aaaaa»: não sei por quê, desconfiava de todos aqueles «aa». Não que eu desconfiasse das imobiliárias. Eu ainda recorreria às imobiliárias (visitei várias, aliás). Mas, enfim, eu pulava os «aa». Como eu queria um jardim, isto é, uma casa no térreo, pulava também os anúncios que começavam com «cobertura», «supercobertura», «panorâmico». Concentrava-me nos que começavam com «casa», «casinha», «casarão». «Casa área residências diplomáticas revestimentos excepcionais vasto jardim»; «casa elegante, imponente, adequada celebridade, ator, profissional liberal, industrial. Aquecimento exclusivo. Parque arborizado». Depois de visitar duas ou três «casinhas» e constatar que eram deprimentes e que o jardim consistia num estreito calçamento de pedra fechado por uma cerca viva, comecei a descartar com mais frequência as «casinhas» e a sublinhar a lápis as «casas». «Casa dez cômodos amplo salão pátio cerâmicas aquecimento jardim arborizado». «Casa três andares amplo quintal adequadíssima sedes diplomáticas comunidades religiosas preço abaixo mercado». Também espiava os anúncios de casa ou terrenos nos arredores de Roma, imaginando que poderíamos nos estabelecer no interior. «Região Frosinone vendo abaixo preço mina de cascalhos cercada de oliveiras ótimo negócio». Meu marido dava uma olhada nos anúncios que eu havia sublinhado e me perguntava o que faríamos com uma casa para comunidades religiosas, nós que não éramos de forma alguma uma comunidade religiosa, e, sobretudo, o que faríamos com uma «mina de cascalhos» na área de Frosinone, nós que tínhamos de morar em Roma e precisávamos de uma casa.

Meu marido de início se absteve da pesquisa, e quando eu sublinhava os anúncios ele me olhava como se eu estivesse tomada de uma loucura mansa. Costumava dizer que na verdade estava muitíssimo bem na casa alugada em que morávamos, ainda que fosse obrigado a reconhecer que era um pouco apertada para nós. No entanto, de vez em quando admitia, ainda que sem ênfase, que talvez fosse oportuno comprar uma casa, porque dinheiro de aluguel era dinheiro jogado fora; mas, repito, de início minha busca foi solitária, e um pouco insensata; lia alto para ele os anúncios do *Messaggero*, ele escutava, geralmente num silêncio irônico e desdenhoso que me desencorajava mas que ao mesmo tempo me empurrava cada vez mais para o caminho da loucura; como comprar uma casa me parecia impossível sem a sua aquiescência, eu perseguia sonhos impossíveis e quimeras sabendo que no fundo não haveria consequências reais. Cheguei a visitar algumas casas daqueles anúncios, e meu marido sabia que eu ia mas se recusava a ir comigo; e eu sentia que aquelas expedições eram acompanhadas de sua absoluta descrença em minha capacidade de encontrar uma casa. Então, de repente, ele passou a procurar casa comigo. Acho que essa determinação súbita ocorreu por ele ter se aconselhado com um cunhado, o qual lhe disse que faríamos muito mal em comprar uma casa em um momento como aquele, porque dentro de alguns anos o preço das casas cairia: previsão que depois se revelou errada, visto que as casas em Roma custam cada vez mais caro. Então seria oportuno que esperássemos os preços caírem. Mais de uma vez tive a oportunidade de perceber que meu marido costumava pedir conselhos àquele cunhado para depois fazer exatamente o contrário do que ele sugeria; mesmo assim, ele continuava a louvar a grande clarividência e sabedoria daquele parente e a necessidade de consultá-lo a respeito de qualquer circunstância de natureza econômica e prática, ou seja, todas as coisas para as quais ele não se sentia apto. Meu pai, por sua vez, não parava de me escrever de Turim insistindo que comprássemos uma casa, ou melhor, como ele costumava dizer, «un quartiere»: termo que, na linguagem arcaica que empregava sobretudo nas cartas, significava um apartamento. Naquela ocasião,

A casa   13

sendo o apartamento alugado muito pequeno para nós, a empregada dormia na sala de jantar, o que meu pai considerava anti-higiênico, e um dos meninos, no escritório, o que meu pai considerava extremamente indecoroso. Quanto à minha sogra, ela nos dissuadia de trocar de casa porque no apartamento alugado em que morávamos alguns pisos eram amarelos, e deles emana uma luz que deixa o tom da pele bonito; caso realmente quiséssemos comprar uma casa, ela nos aconselhava a convencer o proprietário a nos vender aquela mesma, o que era inviável, como tentamos lhe explicar várias vezes, pois nem o proprietário desejava vendê-la, nem nós, por vários motivos, queríamos comprá-la.

Assim, a busca ocorreu em duas fases: uma em que procurei sozinha com fervor, mas também com timidez e descrença, pois a desconfiança e a descrença de meu marido me haviam contaminado; e porque minhas iniciativas de natureza prática precisam sempre da aprovação de outra pessoa. Depois houve uma segunda fase, quando meu marido procurou casa comigo. Quando ele começou a procurar casa comigo, descobri que a casa que ele queria não se parecia em nada com a que eu queria. Descobri que ele, como eu, desejava uma casa semelhante àquela em que havia passado a infância. Como as nossas infâncias não foram parecidas, a discordância entre nós era insuperável. Eu desejava, como disse, uma com jardim: uma casa no piso térreo, talvez um pouco escura, rodeada de verde, hera, árvores; ele, tendo passado parte da infância na via dei Serpenti e parte em Prati, era atraído por casas situadas em um desses locais. Não estava nem aí para árvores ou o verde. Queria que das janelas se vissem telhados: paredes antigas, descascadas, avermelhadas pelo tempo, varais de roupas remendadas balançando entre becos úmidos, telhas emboloradas, calhas enferrujadas, chaminés, sinos. Assim, começamos a brigar; ele descartava todas as casas que me agradavam, dizendo que custavam caro demais, ou que tinham algum defeito; e como ele também tinha se metido a olhar anúncios, sublinhava a lápis somente casas no centro de Roma. Íamos juntos ver aquelas que me interessavam, mas, antes mesmo de subir as escadas, sua cara ficava tão feia, seu silêncio, tão enfurecido e desdenhoso, que eu sentia que fazê-lo olhar ao redor com olhos humanos, trocar algumas palavras de cortesia com o porteiro ou o proprietário à nossa frente abrindo as janelas era uma tarefa impossível. Então lhe disse como era odioso seu modo de tratar aqueles pobres porteiros, ou aqueles pobres proprietários, que não tinham culpa nenhuma se suas casas não lhe agradavam; e depois dessa minha observação ele passou a ser gentilíssimo, cerimonioso, quase servil com porteiros e proprietários; mostrava um profundo interesse pelo apartamento, examinava de perto os armários embutidos, dizia até quais consertos seriam convenientes; e eu das primeiras vezes me deixei enganar, me iludi que talvez a casa que estávamos visitando lhe agradasse um pouco; mas não demorei a perceber que aquele seu comportamento gentil era irônico, e que a ideia de comprar uma casa como aquela nem lhe passava pela cabeça.

Lembro com extrema precisão a desolação de certas casas que me interessavam: certas casas em Monteverdevecchio, amareladas, prestes a ruir, em estado de profundo abandono; jardinzinhos úmidos, longos corredores escuros, luminárias de ferro batido com luz fraca, pequenas salas com vidros coloridos onde ficavam sentadas velhinhas com uma manta nas pernas; cozinhas cheirando a pia suja. E a desolação de algumas que interessavam a ele: uma fila de aposentos enormes, do tamanho de celeiros, com chão de tijolos e paredes pintadas de cal, cachos de tomates pendurados no teto, banheiros turcos, varandas apertadas com vista para átrios profundos e úmidos como poços, terraços onde apodreciam

A casa   **15**

pilhas de trapos. Amávamos, portanto, dois tipos de casa nitidamente diferentes; mas havia um tipo que ambos detestávamos. Ambos detestávamos, em igual medida, as casas do Parioli, seminovas, suntuosas e congelantes, com vista para ruas totalmente desprovidas de comércio e frequentadas unicamente por bandos de *nurses* de uniforme azul, com carrinhos de bebê leves e pretos como insetos; e ambos detestávamos as casas do bairro Vescovio, apertadas no meio de um emaranhado de ruas e praças cheias de rotisserias e farmácias, mercados e trilhos de bonde. Entretanto, também íamos ver esse tipo de casa que detestávamos. Íamos vê-las porque àquela altura ambos estávamos possuídos pelo demônio da busca; íamos vê-las para odiá-las ainda mais, para nos imaginar ou assustados, exilados no Parioli como peixes-dourados num aquário, ou debruçados naquelas sacadas que pareciam buquês de flores. Ao voltar, exaustos, para nossa casa alugada com seu piso amarelo, nos perguntávamos se realmente era tão importante mudar de casa. No fundo, não era tão importante. No fundo, também estávamos bem lá. Eu conhecia todas as manchas das paredes, todas as rachaduras, as marcas escuras que haviam se formado em cima do aquecedor; conhecia o estrondo das placas de ferro que eram jogadas em frente ao portão, pois o proprietário tinha uma oficina exatamente ao lado da casa: quando íamos pagar o aluguel, ele nos recebia entre chamas de maçarico e zunido de motores. O proprietário parecia surpreso toda vez que pagávamos o aluguel, toda vez parecia não se lembrar de ter nos alugado aquele apartamento; parecia não nos reconhecer, ainda que sempre fosse muito cortês: parecia exclusivamente absorto em sua oficina e na entrega daquelas grandes placas de ferro que desabavam na calçada com um estrondo surdo. Eu havia cavado minha toca naquela casa. Uma toca na qual, quando estava triste, eu me escondia como um cão doente,

Não me pergunte jamais

ficava sorvendo minhas lágrimas, lambendo minhas feridas. Nela eu me sentia como que numa roupa confortável. Por que mudar? Qualquer outra seria minha inimiga, me daria desgosto. Como em um pesadelo, eu via desfilando à minha frente todas as casas que havíamos visto e que por algum momento havíamos pensado em comprar. Todas me causavam uma pequena aversão. Tínhamos pensado em comprá-las, mas na hora em que desistíamos, sentíamos um profundo alívio, nos sentíamos leves, como se por milagre tivéssemos escapado de um risco mortal.

Mas será que qualquer casa, qualquer uma, poderia com o tempo virar uma toca? E me acolher em sua penumbra, benfazeja, morna, aconchegante?

Ou será que na verdade eu não queria viver em casa nenhuma, nenhuma, porque o que eu odiava não eram as casas, mas na verdade era a mim mesma? E será que todas as casas, todas elas, não eram boas desde que outra pessoa morasse nelas, e não eu?

Pusemos um anúncio no *Messaggero*. Brigamos muito ao escrevê-lo. Acabou ficando assim: «Compra-se apartamento em Prati ou Monteverdevecchio, cinco cômodos, terraço privativo ou jardim.» O «terraço privativo» foi decisão do meu marido, pois ele amava terraços, e, como fui percebendo aos poucos, odiava jardins: os jardins, ele dizia, recebem poeira e lixo das sacadas que ficam em cima. Foi assim que desmoronou meu sonho de ter um jardim: porque uma nuvem de sujeira acometeu as «plantas de grande porte» e os caminhos à sombra que minha fantasia embalava. Algumas pessoas responderam ao anúncio, mas as casas oferecidas não eram nem em Prati, nem em Monteverdevecchio, e não tinham nenhum tipo de terraço ou jardim. Ainda assim, fomos vê-las. O telefone tocava com ofertas de casas mesmo dez dias depois do anúncio. Certa noite tocou às dez; atendi

A casa

e ouvi uma voz masculina desconhecida, vigorosa, alegre e triunfante, que dizia:

«Alô! Aqui é o comendador Piave. Tenho um apartamento belíssimo na praça Balduina! Belíssimo! Tem interfone! No banheiro da suíte tem uma coluna de alabastro preto com mosaicos de peixes verdes! Quando podem visitá-lo? Me liguem, se eu não estiver minha esposa atenderá! Tem interfone! Seu marido chega de carro à uma e da portaria a senhora recebe o aviso para jogar o espaguete na água! Tem garagem também! Quando vocês vêm? Eu e minha esposa ficaremos felizes em conhecê-los, podemos tomar um chá, eu os levo ao apartamento de carro, tenho um Spider! Minha esposa não dirige, eu dirijo já há dezessete anos, construí esse apartamento para minha filha, mas ela se mudou para São Paulo, no Brasil, meu genro é brasileiro, trabalha com comércio de tecidos, conheceram-se em Fregene. Tenho também uma casa em Fregene, uma preciosidade, essa eu não vendo nem morto, eu e minha mulher vamos para lá todo final de semana. Tenho um Spider!»

Mesmo morando em Roma havia muitos anos, eu não sabia onde era a praça Balduina. Perguntei ao meu marido e ele disse que detestava aquela região.

Estivemos a ponto de comprar três ou quatro casas. Em geral nossa vontade de comprar uma casa durava duas semanas. Nessas duas semanas, nós a visitávamos sem parar, nas horas mais variadas do dia; fazíamos amizade com o porteiro, lhe dávamos gorjetas; levávamos nossos filhos, depois minha sogra, e finalmente aquele cunhado de cuja sabedoria meu marido se vangloriava. Tínhamos de implorar para nossos filhos irem, eles diziam que não estavam nem aí para essas casas e eram céticos quanto à possibilidade de um dia comprarmos uma: nos achavam muito indecisos. Minha sogra prestava atenção sobretudo nos pavimentos: se tivesse algum ladrilho meio solto, por exemplo, ela fazia um juízo negativo sobre as condições da casa inteira. Quanto àquele cunhado, ele costumava ficar na entrada e examinar as paredes, imponente e severo, com uma das mãos enfiada no paletó, batendo os dedos no peito de forma ritmada e se apoiando ora num, ora noutro calcanhar; sua opinião a respeito de todas as casas era sempre negativa, e principalmente a respeito da ideia de comprar uma; mas conseguia encontrar em todas elas um defeito diferente, sempre alarmante; sabia por intermédio de informantes que o empreendimento não era sério, ou que bem em frente seria construído um arranha-céu e então não daria para ver nada; ou sabia que toda aquela região seria botada abaixo, os proprietários seriam desapropriados e obrigados a migrar para outro local; enfim, para ele não havia casa que não fosse escura, úmida, mal construída, com cheiro ruim; e sustentava que as únicas que deveríamos considerar eram aquelas construídas havia vinte anos, nem antes nem depois: e eram exatamente aquelas que não nos agradavam.

A primeira casa que pensamos seriamente em comprar foi uma que ficava nas imediações do viale Trastevere. Mais tarde, ao lembrar dela, nós a chamaríamos de «Montecompatri», pois, como se situava no alto de uma espécie de colina, meu marido dizia que lá se respirava um ar puríssimo. «Você não sente», ele dizia, «que o ar de lá é como o de Montecompatri?» «Montecompatri» era uma casa nova, nunca habitada. Estava no alto de uma colina que dava para um precipício, um desfiladeiro selvático que ia descendo até chegar a um ponto do viale em que ele se abria como um pátio, no qual havia sido montado um parque de diversões. Hoje há apenas casas ali, tanto que quando passo em frente não consigo reconhecer a casa que quisemos comprar e que, alta e esguia como uma torre, se debruçava sobre o vazio. Havia um terraço e havia uma sala ampla, com grandes janelas que se

A casa **19**

abriam sobre aquele abismo verde, selvagem, e fomos visitá-la várias vezes ao crepúsculo, porque a vista àquela hora era desoladora e solene, com a cidade ao longe fulgurante entre nuvens de fogo. A casa era propriedade de uma empresa cujo número de telefone estava escrito em uma placa presa numa estaca, no meio do abismo verde; mas aquele número ou estava sempre ocupado ou ninguém atendia; o porteiro nos dizia para insistir, o que fazíamos religiosamente, mas sem resultados. Ele era uma pessoa muito simpática e gentil e parecia ansioso para que fôssemos nós a conseguir aquela casa. Um dia fomos lá decididos a comprá-la; eram três da tarde, era verão, o sol batia forte no terraço de ladrilhos em brasa; lá embaixo, do abismo, nos pareceu chegar um forte odor de lixo: de fato, um amontoado de lixo, ao qual nunca tínhamos dado muita atenção até aquele momento, cozinhava sob o sol entre as plantas, poucos metros acima do parque de diversões. O parque estava mudo e deserto, as rodas-gigantes, imóveis e as barracas, fechadas; ao longe, a cidade cozinhava sob um céu de azuis ofuscantes. Pensei que talvez fosse uma paisagem maravilhosa, mas evocava pensamentos suicidas.

Assim, fugimos para sempre daquela casa. Meu marido disse que, sim, havia notado que a escada era horrível: metida a besta, afetada, e havia uma aranha enorme preta e dourada no átrio, a dois passos da guarita daquele simpático porteiro. Meu marido disse que não teria suportado ver aquela aranha preta todos os dias.

Depois nos encantamos com duas casas geminadas, uma grudada na outra, que estavam à venda, as duas. Ficavam na região da piazza Quadrata, área que meu marido detestava. Eu, ao contrário, amava os arredores da piazza Quadrata, pois havia morado ali muitos anos antes, quando ainda não havia conhecido meu marido e nem sabia de sua existência, os alemães estavam em Roma e eu me escondera num convento de freiras por aqueles lados; e pensei que eu amava todos os pontos de Roma onde em um ou outro momento de minha vida eu havia fincado raízes, sofrido, pensado em suicídio, ruas por onde eu havia caminhado sem saber para onde ir. Das duas casas geminadas na região da piazza Quadrata, uma tinha jardim: dessa, meu marido gostava sobretudo da escada interna, que levava a um porão onde havia uma cozinha enorme e uma sala de jantar longa e estreita; geralmente, quando gostávamos de uma casa, nos demorávamos contemplando os detalhes e os cômodos que nos agradavam, procurando ignorar todo o resto; assim, meu marido não parava de subir e descer aquela escada, que era de mogno, polida, e que ele considerava «de estilo inglês»; subia e descia acariciando o corrimão como se fosse o dorso de um cavalo. Juntos admirávamos a cozinha, forrada de alegres azulejos de florezinhas azul-celeste. Por amor à escada e à cozinha, estávamos dispostos a relevar a falta de um quarto para a família: poríamos uma divisória, faríamos um quartinho no corredor; e meu marido parecia ter esquecido tanto o ódio que nutria por aquela região quanto o que havia dito a respeito de jardins, sobre os quais chovem sujeira e poeira de todas as sacadas. No jardim havia uma pequena estátua, envolta em hera, e uma pérgula com bancos de pedra; pensamos que poderíamos construir um pequeno pavilhão onde dormiria um de nossos filhos, resolvendo assim o problema do quarto que faltava. A casa ao lado não tinha um jardim propriamente dito, apenas um corredor estreito com vegetação: nessa, gostávamos em especial de uma sala que tinha uma janela de arco com vista para o jardim daquela outra casa; na sala havia uns móveis brancos e dourados que achávamos muito bonitos, mas que, óbvio, o proprietário levaria embora; ficávamos muito tempo naquela sala, porque nos agradava e porque procurávamos saber se a teríamos amado mesmo vazia, ou

A casa

com nossos móveis banais e sem graça; e também procurávamos descobrir se preferíamos olhar o jardim do alto daquela deliciosa janela de arco ou olhar a janela de arco escondidos na pérgula. Bom mesmo seria comprar as duas, eu disse. Mas meu marido me lembrou que não tínhamos dinheiro nem mesmo para comprar uma; eu era megalomaníaca e louca, ele disse. Brigamos terrivelmente por causa daquelas duas casas. Não que meu marido tivesse alguma preferência por uma das duas, ou que eu tivesse: não, ambos estávamos muito em dúvida, e acusamos um ao outro de não saber tomar decisões; além disso, meu marido voltou a dizer que execrava a região da piazza Quadrata desde a mais tenra infância. Interrogados, nossos filhos disseram que também execravam aquela região, mas que gostariam de dormir no pavilhão, no jardim, pavilhão que ainda não existia, mas a respeito do qual discutiram porque cada um o queria para si. Quanto a minha sogra, ela um dia nos acompanhou para ver a casa com o jardim de verdade, mas foi justo numa manhã em que estavam desmantelando e impermeabilizando o piso da sala de estar, e pelo modo como o alcatrão estava sendo aplicado, minha sogra intuiu que aquele piso nunca mais voltaria a ficar bom, que sempre nos causaria incômodos e problemas; e nos dissuadiu, resoluta, de comprar aquela casa, e de quebra a outra também, que não podíamos visitar naquele dia; mas também naquela, minha sogra disse, o piso devia ter o mesmo defeito.

Depois de um período em que eu odiava todas as casas de Roma, passei por um outro em que, ao contrário, eu amava todas elas, tanto que me era impossível escolher uma; depois voltei a odiá-las quando ficou evidente que não compraríamos nem a casa com a janela de arco, nem a casa com a pérgula. Enquanto isso, recebia cartas de meu pai, que invariavelmente começavam com estas palavras: «Quero dizer que você faria bem se decidisse comprar um *quartiere*». E de vez em quando o telefone tocava e ouvia-se aquela conhecida voz vigorosa e alegre:

«Alô! Aqui é o comendador Piave! Os senhores ainda não vieram ver meu apartamento na praça da Balduina! É belíssimo! Os peitoris são de pedra ônix preta, o piso da sala de estar é de mármore! Tem interfone! Posso arrumar também algumas plantas para a sala, minha mulher tem uma azaleia rosa que é um espetáculo! Minha mulher é apaixonada por plantas!»

Depois, teve outra casa que estivemos a ponto de comprar. Era uma casa que não tinha absolutamente nenhuma qualidade, a não ser custar pouco. Também ficava nas imediações do viale Trastevere, numa rua íngreme, pela qual, caminhando por cerca de vinte minutos, se chegava ao Gianicolo. «Você se dá conta de que em poucos minutos estamos no Gianicolo?», meu marido dizia, enaltecendo a casa. Porém, das janelas não se via o Gianicolo; aliás, não se via nada das janelas, nada, a não ser um telhado de metal e uma empena amarelinha, outras casas nem altas, nem baixas, e a rua. A rua era tranquila, em geral bastante deserta. A casa tinha dois andares, mas era uma «casinha». Ficava entre uma fábrica de colchões e um atacadista de vinhos. Tinha um portãozinho cinza, com batente. Tinha um terraço com uma pérgula seca. Não era nem nova nem velha, era uma casa sem personalidade e sem idade. Passando pelo portãozinho havia uma entrada marmorizada e depois uma grande escadaria, com um corrimão abaulado; no térreo havia uma cozinha, um banheiro e uma despensa onde o proprietário havia empilhado um monte de cadeiras; no andar de cima havia uma série de cômodos, nem grandes nem pequenos, dispostos um em seguida ao outro num corredor marmorizado: todos

A casa

os cômodos davam para a rua, aquela rua íngreme que, sim, levava ao Gianicolo, mas que no entanto parecia não levar a lugar nenhum, não servir para nada, uma rua que parecia esquecida e fortuita; uma rua estranha, meu marido disse, que talvez no futuro pudesse se tornar uma rua muito importante, essencial, uma artéria na conexão entre o Gianicolo e o viale Trastevere, por isso, se comprássemos aquela casa, de repente seria possível que nos víssemos em um ponto da cidade procuradíssimo, um ponto essencial, e então aquela casa que teríamos comprado por uma ninharia seria valorizada a tal ponto que a revenderíamos ganhando com isso mais que o dobro. Mas se teremos de revendê-la, eu disse, por que comprá-la? Depois seremos obrigados a procurar casa de novo.

A rua era estranha, mas até simpática, meu marido disse, assim como a casa, que era bem simpática, mas bastante estranha. A entrada, não, a entrada era feia, e aquela cerâmica que imitava mármore era realmente horrível. A escada não era ruim. E nem o terraço era ruim («Você tem que imaginar uma pérgula toda verde no lugar daquela pérgula seca. Imagine. Você não tem imaginação nenhuma»). Não levamos ninguém para ver aquela casa. Não falamos dela com vivalma. Talvez tivéssemos um pouco de vergonha.

Então, um dia, caminhando pela cidade, vimos um cartaz de venda pendurado em um portão. Entramos. E assim a casa foi encontrada.

Era uma casa no centro. Meu marido gostou porque era no centro, porque era no último andar, porque dava para os telhados. Ele gostou porque era velha, grande, maciça, porque tinha o teto velho com vigas grossas e, em alguns cômodos, revestimentos de travertino. De minha parte, era a primeira vez que ouvia falar em travertino. Por que eu gostei? Não sei. Não era térrea, visto que estava no último andar. Não tinha jardim e não se via árvore alguma nem de longe. Pedra em meio a pedras, ficava entre chaminés e campanários. Mas talvez eu tenha gostado porque estava a um passo de um escritório em que eu havia trabalhado muitos anos antes, quando ainda não conhecia meu marido, os alemães tinham acabado de sair de Roma, havia os americanos. Eu ia todos os dias àquele escritório. Todos os dias pisava, por superstição, numa cavidade no chão de paralelepípedos, uma cavidade que tinha o formato de um pé. Aquela cavidade ficava na entrada de um portão. Eu abria o portão e subia as escadas. O escritório era no primeiro andar e a janela dava para o velho pátio, onde havia uma fonte. Aquela fonte, aquele portão, aquela cavidade no chão de paralelepípedos estavam mesmo a um passo da casa que visitamos certa manhã, meu marido e eu, e da qual saímos decididos: viveríamos nela. A fonte, o pátio, o portão, a cavidade no chão de paralelepípedos ainda estavam lá; o escritório não existia mais. As salas que durante um tempo integravam aquele escritório tinham voltado a ser o que eram antes da guerra, ou seja, salas da residência de uma velha condessa. Contudo, ainda era um ponto que eu reconhecia como um lugar amigo: um local onde por um tempo eu havia cavado minha toca. Não que eu tenha sido feliz naquele escritório — na verdade, fui perdidamente infeliz. Mas eu havia cavado minha toca ali; e a lembrança dessa toca que eu cavara tantos anos antes não deixava que eu me sentisse uma estranha, alguém que foi parar naquelas ruas e naqueles becos por engano. Assim, ao pensar naquela casa, não sofri nenhuma sensação de aperto. Todos nos desaconselharam a comprá-la. Disseram que, por ser tão velha, certamente apresentaria inúmeros problemas, canos quebrados, rachaduras secretas. Disseram que com certeza chovia lá dentro. Disseram que com certeza tinha baratas («insetos», dizia minha sogra. Quando falávamos em escolher uma casa velha, na mesma hora ela dizia «mas não com insetos!»). Em suma,

A casa

sobre aquela casa falaram todo o mal que era possível. Disseram que seria fria no inverno e quente no verão. Algumas das coisas que disseram mostraram-se verdadeiras. Era verdade que chovia dentro e foi preciso consertar o telhado. Quanto a baratas, encontrei apenas uma. Espirrei um pouco de inseticida e ela desapareceu para sempre. Agora vivemos na casa sem saber se é feia ou bonita. Vivemos nela como em uma toca. Vivemos nela como numa roupa confortável. Paramos por completo de pensar em casas. Os termos «terraço privativo», «aquecimento exclusivo» «cinco cômodos» «ensolaradíssimo» «em parcelas», «saldo hipoteca» desapareceram de nossos pensamentos. Todavia, por muito tempo ainda, iniciada a mudança, iniciada uma série de complicadas investigações nas paredes, nos canos, na caixa d'água, iniciadas complicadas tentativas com serralheiros, eletricistas, marceneiros, de vez em quando ainda tocava o telefone na casa que estávamos prestes a deixar e que estava cheia de caixas, de papel, de palha, tocava o telefone e se ouvia a conhecida voz vigorosa e triunfante:

«Alô! Aqui é o comendador Piave! Quando os senhores vão visitar meu apartamento na praça Balduina? É belíssimo! Tem interfone! Seu marido chega, da portaria avisa que voltou pra casa, a senhora joga o espaguete na água, ele bota o carro na garagem, sobe de elevador, o almoço está servido! No banheiro há uma coluna de alabastro preto, com mosaicos de peixes, todos os peitoris são de pedra ônix! Basta telefonarem, tomam um chá com minha mulher, eu chego e acompanho os senhores, podem descansar um pouco no mirante, de lá é possível aproveitar toda a vista de Roma, tomamos um aperitivo, na volta dou uma carona de carro! Tenho um Spider!»

Outubro, 1965

A velhice

Agora estamos nos transformando naquilo em que nunca quisemos nos transformar, ou seja, em velhos. Nunca desejamos nem nunca esperamos a velhice, e quando tentamos imaginá-la foi sempre de forma superficial, grosseira e distraída. A velhice nunca nos inspirou curiosidade ou interesse profundos. (Na história da Chapeuzinho Vermelho, a personagem que nos causava menos curiosidade era a avó, e não nos importava nem um pouco se ela saía ou não sã e salva da barriga do lobo.) O estranho é que mesmo agora, quando somos nós que estamos envelhecendo, não sentimos nenhum interesse pela velhice. Assim, está acontecendo uma coisa conosco que não havia acontecido até hoje: até hoje nos mantinha acesos ao longo dos anos uma viva curiosidade por aqueles que iam ficando nossos coetâneos; mas agora sentimos que estamos avançando em direção a uma zona cinzenta e faremos parte de uma multidão cinzenta cujas vicissitudes não poderão acender nem nossa curiosidade, nem nossa imaginação. Nosso olhar ainda estará sempre destinado à juventude e à infância.

A velhice em nós significará, basicamente, o fim do espanto. Perderemos seja a capacidade de sentir espanto, seja a de causar espanto. Nada mais nos deixará maravilhados, depois de termos passado a vida nos maravilhando com tudo; e não faremos os outros se sentirem maravilhados, ou porque já nos viram fazer e dizer coisas estranhas, ou porque não olharão mais para nós.

Poderá acontecer de nos tornarmos ferro-velho abandonado no mato, ou ruínas gloriosas visitadas com devoção; aliás, talvez sejamos ora uma coisa, ora outra, sendo a sorte bastante mutável e caprichosa; mas tanto num caso como no outro não nos espantaremos; nossa imaginação velha de toda uma vida já terá usado e desgastado em seu ventre todo evento possível, toda volatilidade da sorte; e ninguém vai se espantar, sejamos nós ferro-velho ou ruínas ilustres: não há espanto na devoção dispensada às antiguidades, e menos ainda ao esbarrar em ferro-velho enferrujado em meio às urtigas. E na verdade não há nenhuma diferença apreciável entre ser uma coisa ou outra: nos dois casos o rio tépido dos dias corre em outras margens.

A incapacidade de se espantar e a consciência de não causar espanto nos fará pouco a pouco adentrar o reino do tédio. A velhice se entedia e é entediante; o tédio gera tédio, propaga tédio ao redor assim como a lula propaga sua tinta. Nós assim nos preparamos para estar juntos, e a lula, e a tinta: o mar ao redor se tingirá de preto e esse preto seremos nós, justamente nós, que odiamos e fugimos a vida toda da cor preta do tédio. Dentre as coisas que ainda nos espantam há esta: nossa completa indiferença ao nos ver sujeitos dessa nova condição. Uma indiferença provocada por estarmos caindo, pouco a pouco, na imobilidade da pedra.

Todavia, compreendemos que antes de nos tornar pedra nos tornaremos outra coisa, pois que também isso ainda é motivo de maravilha para nós: a extrema lentidão com a qual envelhecemos. Mantivemos por muito tempo o hábito de acreditar que éramos «os jovens» do nosso tempo, tanto que quando ouvimos falar de «jovens» viramos o rosto como se falassem de nós, hábito tão enraizado que talvez não o percamos, a não ser quando teremos nos tornado inteiramente pedra, isto é, às vésperas da morte.

Essa nossa lentidão em envelhecer contrasta com a rapidez vertiginosa do mundo que gira ao redor: a rapidez com que lugares se transformam e jovens e crianças crescem; nesse redemoinho somente nós somos lentíssimos, mudando de rosto e hábitos com a lentidão típica das lesmas, seja porque detestamos com toda a nossa força a velhice e a negamos, mesmo depois de nosso espírito já ter se curvado a ela com indiferença; seja porque é trabalhosa e cansativa a passagem de animal a pedra.

O mundo ao redor que gira e se transforma conserva somente pálidos vestígios do mundo que foi o nosso. Nós o amávamos não por considerá-lo belo ou justo, mas porque nele dissipamos nossa força, nossa vida e nosso espanto. O mundo que temos hoje diante dos olhos não nos espanta, ou nos espanta muito pouco, mas nos escapa e nos parece indecifrável, e nele conseguimos ler apenas pálidos vestígios do que era. Gostaríamos que esses pálidos vestígios não desaparecessem, para ainda poder reconhecer no presente alguma coisa que foi nossa; mas sentimos que em pouco tempo não teremos, para expressar esse desejo talvez pueril e ingênuo demais, nem força, nem voz.

À exceção desses tênues resquícios, para nós o presente é obscuro e não sabemos como nos acostumar a tal obscuridade; perguntamo-nos que tipo de vida é a nossa, se um dia conseguiremos acostumar nossos olhos a tanta escuridão; perguntamo-nos se nos anos futuros não seremos um bando de ratos enlouquecidos entre as paredes de uma fossa.

Perguntamo-nos sem parar como passaremos o tempo da velhice. Perguntamo-nos se insistiremos em fazer o que fizemos quando jovens: se, por exemplo, seguiremos escrevendo

A velhice

livros. Perguntamo-nos que tipo de livro conseguiremos escrever em nossa cega correria de ratos, ou mais tarde, quando teremos caído na imobilidade das pedras. Na juventude, nos falaram da sabedoria e da serenidade dos velhos. Nós, porém, não sentimos que seremos capazes de ser nem sábios nem serenos; aliás, na verdade nunca amamos a serenidade e a sabedoria, sempre amamos a sede e a febre, as buscas inquietas e os erros. Mas a nós em pouco tempo até os erros serão vetados, pois sendo o presente incompreensível, nossos erros ainda terão a ver com aqueles inexpressivos vestígios de um tempo anterior e que está prestes a desaparecer; nossos erros sobre o mundo de hoje serão como desenhos na areia ou o ruído de ratos correndo pela noite.

O mundo que temos pela frente e que nos parece inabitável será no entanto habitado e talvez amado por algumas das criaturas que amamos. Que esse mundo esteja destinado a nossos filhos, e aos filhos de nossos filhos, não nos ajuda a entendê-lo melhor, pelo contrário, aumenta nossa confusão. Porque o mundo que nossos filhos conseguem habitar e decifrar nos é obscuro; e, aliás, eles estão acostumados desde a infância a nos dizer que nunca entendemos nada. Por isso nossa postura diante de nossos filhos é humilde e às vezes até mesmo insignificante.

Diante deles, sentimo-nos como crianças na presença de adultos, pois na verdade estamos absortos em nosso lentíssimo processo de envelhecimento. Todo gesto realizado por nossos filhos nos parece fruto de grande astúcia e pertinência, parece-nos aquilo que nós também sempre quiséramos fazer e sabe-se lá por que nunca fizemos. De nossa parte, não somos capazes de realizar nem mesmo um gesto no presente, pois todo gesto nosso automaticamente despenca no passado.

Assim medimos as imensas distâncias que nos separam do presente, vemos que teríamos diluído qualquer ligação com o presente se não estivéssemos envolvidos nas complexas e dolorosas tramas do amor. E uma coisa ainda nos espanta, a nós, que hoje em dia somos cada vez mais raramente tomados de maravilha: observar como nossos filhos conseguem habitar e decifrar o presente, e cá estamos sempre concentrados em soletrar as palavras límpidas e claras que encantavam nossa juventude.

Dezembro, 1968

A preguiça

Em outubro de 1944, vim a Roma procurar trabalho. Meu marido havia morrido no inverno. A sede da editora onde ele havia trabalhado durante anos era em Roma. Na época, o editor estava na Suíça; mas a editora, logo após a liberação de Roma, já tinha retomado as atividades. Eu imaginava que, se pedisse para trabalhar lá, eles me dariam trabalho; no entanto, pedir era particularmente difícil, pois sentia que me dariam emprego por compaixão, por eu ser viúva, e com filhos para criar; queria que alguém me desse um emprego sem me conhecer e por minha competência. O ruim era que eu não tinha muita competência. Cultivara esses pensamentos durante os meses da ocupação alemã. Naquela época, estava no interior da Toscana com meus filhos. Lá a guerra havia terminado, chegara o silêncio que vem depois da guerra, e enfim, na imobilidade dos campos e na desolação dos vilarejos haviam chegado os americanos. Nós nos mudamos para Florença; deixei as crianças com meus pais em Florença e vim para Roma. Queria trabalhar porque não tinha dinheiro; mas se eu tivesse ficado com meus pais, também teria conseguido viver. No entanto, a ideia de ser sustentada por eles me incomodava demais; além disso, queria que as crianças voltassem a ter uma casa comigo. Fazia muito tempo que não tínhamos casa. Havíamos passado aqueles meses de guerra na casa de parentes ou amigos, em conventos ou abrigos.

Viajando a Roma num carro que parava de meia em meia hora, sonhava com empregos aventurosos, como trabalhar como babá ou redatora das páginas policiais de um jornal. O obstáculo principal a meus propósitos consistia em eu não saber fazer nada. Não havia me formado, pois interrompera os estudos depois de ser reprovada em latim (matéria que não reprovava ninguém naqueles anos). Não conhecia línguas estrangeiras, a não ser um pouco de francês, e não sabia escrever à máquina. Salvo criar filhos, fazer as tarefas domésticas com lentidão extrema e inaptidão e escrever romances, não havia feito mais nada na vida. Além disso, sempre fui muito preguiçosa. Minha preguiça não consistia em dormir até tarde de manhã (sempre acordei com o amanhecer e nunca tive dificuldade em me levantar), mas em perder um tempo infinito com o ócio e a fantasia. Era por isso que eu nunca concluía um estudo ou trabalho. Disse a mim mesma que chegara a hora de me livrar desse defeito. A ideia de procurar aquela editora, que me acolheria por piedade e compreensão, de repente me pareceu a mais lógica e factível, embora os motivos do acolhimento pesassem sobre mim. Naquela ocasião, havia lido um livro que me pareceu muito bom: *Jeunesse sans Dieu*, de Ödön von Horváth, autor do qual eu nada sabia, a não ser que morrera jovem, em Paris, debaixo de uma árvore que caiu quando ele saía do cinema. Pensei que, assim que eu começasse na editora, traduziria esse livro que eu tanto amava e os convenceria a publicá-lo.

Em Roma, consegui um quarto em uma pensão próxima a Santa Maria Maggiore. A grande vantagem daquela pensão era custar uma bagatela. Por experiência eu sabia que, naqueles anos de guerra e pós-guerra, as pensões facilmente se tornavam verdadeiros quartéis e acampamentos. Aquela era um meio-termo entre pensão e colégio. Ali se hospedavam estudantes, refugiados e velhos sem casa. Nas escadas ecoava

Não me pergunte jamais

por vezes um *gong* profundo e surdo que avisava que havia alguma ligação telefônica para alguém. Na sala de jantar coletiva as refeições eram frugais, compostas de queijo romano, castanhas cozidas e brócolis. Durante as refeições, de vez em quando tocava uma campainha, e a gerente da pensão lia alguns de seus pensamentos de exortação à simplicidade. Falei com um amigo que estava administrando a editora na ausência do editor. O amigo era pequeno e gordo, redondo e saltitante como uma bola. Quando sorria, milhares de pequenas rugas franziam seu rosto de menino chinês, pálido, esperto e doce. Além da editora, ele tinha mil outras atividades. Disse que eu poderia começar meio-período; quando o editor voltasse, minha situação seria definida com maior clareza. Disse para voltar ao escritório na manhã seguinte; e disse que na minha pensão morava uma garota que também trabalhava na editora, tinha funções administrativas, e que de manhã eu poderia ir andando para o trabalho com ela.

De volta à pensão, subi as escadas e bati em um quarto, dois andares acima do meu. Abriu a porta uma garota graciosa, de cabelos castanhos e encaracolados e bochechas vermelhas. Perguntei se poderíamos ir ao trabalho juntas na manhã seguinte. Ela respondeu que precisava ir a não sei qual banco e por isso faria outro caminho. Era gentil, mas reservada e fria. Desci as escadas com um confuso sentimento de desconforto e arrasada por um mortal sentimento de inferioridade. Aquela garota devia trabalhar havia anos, talvez desde sempre; e seu trabalho era administrativo, e por isso bem definido, inabalável e necessário. Além disso, sustentava um irmãozinho de nove anos com seu trabalho. Eu não sabia se seria capaz de sustentar meus próprios filhos.

Passei uma noite inquieta e cheia de pensamentos angustiantes. Dizia a mim mesma que, vendo-me naquele escritório, todos imediatamente descobririam o grande mar de

A preguiça **35**

ignorância e preguiça que havia em mim. Pensava no amigo que tinha me contratado e no editor que estava longe, mas talvez prestes a voltar. Tentei explicar ao amigo que eu não tinha nenhum tipo de graduação, não falava inglês e não sabia fazer nada. Ele me respondeu que não tinha importância, alguma coisa eu poderia fazer. Mas eu não lhe falei de minha preguiça, daquele vício que eu tinha de me entregar à inércia e ao sonho sempre que precisava fazer alguma coisa. Nunca havia pensado em tal vício com verdadeiro horror. Naquela noite, examinei-o com assombro e com um terror profundo. Sempre fui má aluna. Tudo o que eu tinha começado tinha ficado em aberto. Em meus ouvidos ressoavam os versos de Villon: «*Hé! Dieu, si j'eusse étudié / Au temps de ma jeunesse folle, / Et à bonnes moeurs dedié, / j'eusse maison et couche molle; Mais quoi! Je fuyoië l'école / Comme fait le mauvais enfant...*»[1]

Na verdade, nem francês eu conhecia tão bem. Minha juventude não havia sido *folle*, e sim apática e confusa.

De manhã cheguei àquele que seria meu escritório: uma pequena casa no térreo, cercada de um pequeno jardim. Encontrei meu amigo, a garota das bochechas vermelhas sentada diante de uma calculadora e duas datilógrafas. Meu amigo me encaminhou a uma mesa e me entregou uma folha onde estava escrito «normas tipográficas». Soube assim que *perché* e *affinché* tinham acento agudo, mas que *tè* e *caffè* e *lacchè* tinham acento grave. Depois ele me deu umas folhas datilografadas: era uma tradução de *A saga de Gösta Berling*. Eu tinha de revisar o texto em italiano e corrigir os acentos. O amigo, saltitando pela sala como uma bola, disse que eu não deveria me martirizar por não ter diploma, pois nosso atual chefe em

---

[1] «Ai! Deus, se eu tivesse estudado/ No tempo da minha louca juventude,/ e tivesse me comportado,/ Hoje teria teto e cama macia;/ Qual o quê! Fugia da escola,/ Como um garoto safado.» [N. E.]

comum não ligaria para isso, ele mesmo não tinha diploma. Perguntei qual seria minha próxima tarefa, depois de *A saga de Gösta Berling*. Apavorada, me dei conta de que ele não sabia. Eu tinha um medo tão grande de sucumbir à preguiça que me apliquei muitíssimo àquela revisão e a terminei em três dias. O amigo então me trouxe uma cópia francesa das memórias da mulher de Lênin. Traduzi loucamente umas trinta páginas, mas depois ele me disse que tinha mudado de ideia e não fariam mais aquele livro. Ele me deu uma tradução de *Homo ludens*. Um dia dei de cara com o editor na entrada do escritório. Eu o conhecia fazia tempo, mas nunca havíamos trocado mais de cinco palavras. E nos anos em que não nos encontramos tantas coisas haviam acontecido que foi como se estivéssemos nos vendo pela primeira vez. Eu o tinha como um amigo e um desconhecido ao mesmo tempo. A esses sentimentos misturava-se o pensamento de que agora ele era meu chefe, isto é, alguém que poderia me expulsar daquele escritório a qualquer momento. Ele me abraçou e corou, pois era tímido, e parecia contente e não tão surpreso em me ver trabalhando ali. Disse que esperava ouvir projetos e ideias minhas. Sufocada pela timidez e a emoção, eu disse que talvez pudéssemos traduzir e publicar *Jeunesse sans Dieu*. Ele não sabia nada do livro e eu rapidamente lhe contei a história do cinema e da queda da árvore. Ele tinha muito o que fazer e logo fugiu dali. Nos dias subsequentes não o vi mais, mas a garota das bochechas vermelhas veio me dizer que eu havia sido contratada em tempo integral. Nunca falava com aquela garota, mas quando nos encontrávamos no corredor sorríamos uma para a outra, irmanadas pela lembrança e pela perspectiva de toques de campainha e brócolis.

Um dia soube que nos transferiríamos para uma sede nova. Fiquei desapontada, pois tinha me afeiçoado àquele escritório, sobretudo a uma arvorezinha de mexerica que eu via da janela. O novo escritório era no centro. Tinha salas imensas, com tapetes e poltronas. Pedi para ficar numa salinha no final do corredor. Lá eu estaria sozinha e aprenderia a trabalhar, porque a sensação de não ser boa no trabalho me perseguia o tempo todo. O amigo também se refugiou em uma sala só para ele. As salas foram pouco a pouco se enchendo de novas datilógrafas e novos funcionários. Os novos funcionários zanzavam febris pelos tapetes, para a frente e para trás, e ditavam às datilógrafas páginas e páginas das quais eu captava, ao passar, palavras que não me permitiam entender nada. Ou entretinham-se na sala de estar em conversas misteriosas com visitantes. O amigo me disse que considerava inúteis todos aqueles novos funcionários e todas as novas datilógrafas. Julgava inúteis também os tapetes, a sala de estar, os visitantes e as conversas. Entendi que os novos funcionários tinham ideias políticas diferentes das suas. Parecia deprimido e não saltitava mais; sentava apartado e imóvel em sua mesa, e seu rosto, que não franzia mais quando ele sorria, parecia sem brilho e triste como a lua. Vendo-o desconfortável e aflito tive a súbita sensação de que ele era como eu e, talvez ainda mais do que eu, estivesse padecendo de uma imensa preguiça.

Eu me sentia muito só naquele escritório e não falava com ninguém. Minha preocupação constante era que alguém descobrisse minha grande ignorância e minha grande preguiça, e minha total ausência de ideias. Quando consegui que pedissem os direitos de *Jeneusse sans Dieu*, soube que já haviam sido comprados por outro editor. Foi a única ideia que eu tive, e ela voou com o vento. Para me defender da preguiça, eu trabalhava com fúria e vertiginosamente, imersa em um isolamento total e em absoluto silêncio. Só que eu não parava de me perguntar se e como meu trabalho poderia ter algum vínculo com aquela vida intensa que eu não compreendia, vida que mantinha aquelas salas cheias e fervilhantes. Fiz uma chave para mim e passei a ir ao escritório também aos domingos.

Janeiro, 1969

A cidadezinha de Dickinson

Tempos atrás estive em Amherst, a cidadezinha de Dickinson: uma cidadezinha não muito longe de Boston, em Massachussetts. Vi sua casa. Vi também um vestido seu no armário, um vestido branco-marfim bordado que parecia uma camisola, e uma manta xadrez de franjas longas que ela punha sobre os joelhos quando escrevia. Mas na época eu não conhecia a poesia de Dickinson, nem suas cartas, e meu olhar era vazio e distraído. Havia lido alguns de seus versos, e talvez alguma carta, mas dela não compreendera muito. Não me lembrava de nenhum verso. Amherst é uma cidadezinha muito bonita, cheia de gramados verdes, casinhas pintadas de branco distribuídas entre carvalhos, hera, magnólias e rosas. Achei, porém, que sua graça era um pouco afetada e professoral. Por trás desse aspecto afetado e professoral havia um tédio desolador e aterrorizante. A cidadezinha deve ter assumido o aspecto professoral depois da morte de Dickinson, logo que se deu conta de que era a pátria de uma grande poeta. O fantasma do tédio provavelmente sempre esteve lá. Lembro ter pensado que os Estados Unidos são um país sombrio e cruel em suas grandes cidades, e onde não é sombrio e cruel subjaz um tédio sem tamanho. Era verão e tinha muito pernilongo. Os pernilongos dos Estados Unidos são diferentes dos nossos. Não emitem aquele zunido preguiçoso e doce, mas se lançam em enxames sobre rostos humanos em plena luz do dia e com um silêncio soberbo. O silêncio e a sombra do tédio se estendiam por aqueles gramados floridos e frescos a perder de vista. Foi assim que vi Amherst, pensando na banalidade dos pernilongos, no calor e nos Estados Unidos, e não prestei a devida atenção ao lugar onde Emily Dickinson nasceu e morreu. Devo até ter pensado algumas banalidades sobre Dickinson. Devo ter pensado que era antipática. Dela, eu retinha algumas noções confusas, e tinha em mente duas ou três coisas que me pareciam irritantes: que ela amava passarinhos e flores; que recebia seus hóspedes vestida de branco (aquele vestido do armário) e com dois lírios nas mãos; que saía pouco de casa e quando muito ia encontrar uma cunhada que morava perto; que costumava escrever cartas apaixonadas para essa cunhada; que seus únicos interlocutores eram seus familiares, um certo senhor Higginson, para quem mandava seus versos e que lhe respondia de forma pedante, dois primos de Boston, algumas senhoras; que seus únicos amores, na realidade nunca consumados, tinham sido o juiz Lord e o reverendo Wadsworth, isto é, um velhinho e um padre. Nesses dias pus-me a ler suas cartas e depois, com meu inglês fraco, seus versos. Que grande poeta era esta Emily Dickinson. Lamentei ter visitado sua casa com tamanha indiferença. Devia ter um retrato do juiz Lord pendurado no quarto. Mas não me dei ao trabalho de olhar. Sua casa e aquela cidadezinha verde, educada e inconsolável foram quase os únicos lugares que ela viu em sua vida. Foi uma vez para Washington e para a Filadélfia (onde conheceu o reverendo Wadsworth; amou-o; nunca se uniram; ele a visitou em algumas raras ocasiões, duas ou três vezes em vinte anos) e fez breves viagens a Boston para cuidar dos olhos. Todo o resto foi Amherst e somente Amherst. Alguns incêndios; núpcias ou mortes de amigos ou familiares; trocas de presentes (frango assado, coroazinhas de flores) entre ela e a cunhada; a morte do pai («seu coração era puro e terrível»); a longa enfermidade e a morte da mãe; a morte de um sobrinho pequeno muitíssimo amado, filho da cunhada e do irmão, que havia contraído febre tifoide brincando em águas barrentas; a relação ardente e complicada com a cunhada e o irmão; as raras visitas do reverendo Wadsworth («sua vida era cheia de sombrios segredos») e a notícia de sua morte. «Parte de nós se vai se algo perdemos —/ Um crescente perdura/ Que, como a lua, a maré chama/ Em uma noite escura.»[2] Foi esta, então, a vida de Dickinson: uma vida semelhante à de tantas mulheres que envelhecem solteiras nos vilarejos; com suas flores, o cão, o correio, a farmácia, o cemitério. Só que ela era um gênio. Há um número infinito de mulheres solteiras que passam a vida escrevendo versos em cidadezinhas do interior, na solidão, com manias e extravagâncias, e nenhuma é uma grande poeta; mas ela era. Ela sabia? Não sabia? Escreveu milhares de poemas e nunca quis publicá-los; costurava-os com linha branca em pequenos fascículos. «Eis a minha carta ao Mundo/ ele, que a Mim nunca escreveu.»[3] Era difícil que o mundo lhe pudesse escrever, dado que ela estava, e queria estar, imersa na escuridão de uma casa. Mas o mundo realmente nunca lhe escreveu, de forma nenhuma, pois não lhe deu nada enquanto esteve viva. Até porque sua carta ao mundo não pedia resposta. Dickinson tinha horror à notoriedade (teria se sentido «como uma rã») e limitava-se a enviar seus versos a um crítico literário, o senhor Higginson, «para saber se respiravam». Este senhor Higginson devia

2   Tradução de José Lira, em *Alguns poemas — Emily Dickinson*, Iluminuras, 2006. (*Each that we lose take part of us;/ A crescent still abides,/ Which, like the moon, some turbid night/ Is summoned by the tides.*) [N. E.]

3   Tradução de Isa Mara Lando, em *Loucas noites — 48 poemas — Emily Dickinson*, edição da tradutora, 2009. (*This is my letter to the World/ that never wrote to Me.*) [N. E.]

A cidadezinha de Dickinson

ser uma pessoa bem modesta. Ela certamente se deu conta, mas continuou a submeter-se a seu julgamento. Ela foi só. Esteve rodeada de pessoas medíocres com ideias acanhadas. Acredito que ela lhes tenha enriquecido o espírito de generosas qualidades, e solicitava suas visitas; mas depois, quando iam vê-la, por vezes não tinha mais vontade de encontrá-las e se limitava a sussurrar algum cumprimento por detrás da porta. Escreve a uma amiga, a senhora Holland: «Depois que você foi embora, veio o afeto. O banquete do coração fica pronto quando o hóspede não está perto». Não encontrei nenhum retrato da senhora Holland; vi, no entanto, o retrato de outro amigo para quem ela escreveu um punhado de cartas, o senhor Bowles: cara dura e lenhosa de protestante, com cavanhaque.

Como somos diferentes de Dickinson hoje em dia! Não passou nem um século de sua morte, e como ficamos tão diferentes dela! Quem de nós, sendo poeta, se submeteria ao destino obscuro de uma mulher solteira em um vilarejo? Fugiríamos ou, pelo menos, tentaríamos fugir. Ela nunca tentou. Quem hoje aceitaria o cárcere familiar por toda a vida, as angústias de uma vida tão tranquila e tão miserável? Mesmo vivendo em capitais, elas nos parecem províncias. Temos uma multidão de pessoas ao redor e nos sentimos excluídos da vida e do universo. Estamos entupidos de bovarismo da cabeça aos pés, sempre ansiosos, nostálgicos, intolerantes. Nosso horizonte nos parece pequeno, temos a permanente sensação de que viemos parar no lugar errado e de que a porção de horizonte que nos é reservada é exígua demais. Pensamos secretamente que, se tivéssemos tido um espaço mais vasto de horizonte, e em volta, maior multidão de amigos e interlocutores, talvez tivéssemos alcançado um destino mais elevado. Não pensamos que os laços familiares nos possam enriquecer o espírito, nos foram destinados por acaso e não acreditamos no acaso. O acaso nos parece débil e desprezível. Acreditamos apenas em nossas escolhas, e nossas escolhas são arrogantes, irrequietas, escrupulosas, ansiosas. Deixamos porém o telescópio sempre a postos, à espera da chegada de alguém. Cartas, não as escrevemos. E de todo modo não teríamos honrado a senhora Holland ou o senhor Higginson com uma delas. Nunca teríamos mandado nossos versos ao senhor Higginson. Teríamos concluído que era um estúpido (e de fato talvez fosse). Nunca sonharíamos em escrever versos por toda a vida sem pensar em publicá-los. Ansiamos publicar tudo o que escrevemos. Não por amor à glória, mas sempre com a secreta esperança de que alguém, nosso interlocutor ideal, recolha das profundezas do universo nossas vozes e nos responda. E se por acaso Dickinson passasse ao nosso lado, não saberíamos reconhecê-la. Como reconhecer o gênio e a grandeza de uma mulher solteira vestida de branco, que sai para passear na companhia de um cão? Ela nos pareceria extravagante, e nós não amamos a extravagância: amamos a loucura. A loucura não sussurra, ela grita, e veste cores rutilantes e trajes loucos e inusitados. É verdade que talvez nenhum de seus contemporâneos a tenha reconhecido. Mas seus contemporâneos não deixavam o telescópio a postos, eles não tinham telescópio. No entanto, ao passar ao lado dela, devem ter experimentado uma sensação aterrorizante e profunda, porque a fúria do mar investe e arrasta até os paralelepípedos das ruas e a vegetação dos pântanos. Quiçá seríamos capazes de experimentar semelhante sensação. Talvez não. Não a reconheceríamos. Nem a enxergaríamos. Bovaristas, cobertos de autopiedade, somos céticos e incrédulos sobre tudo o que vemos perto de nós em trajes corriqueiros e provincianos. Em seus versos nunca se manifesta a autopiedade. Tampouco ecoam tons de nostalgia ou de melancolia, desejo e lágrimas por um destino

A cidadezinha de Dickinson   **45**

diverso. Lágrimas, nunca vemos. A sua é uma afirmação de solidão voluntária, inexorável, trágica. «Eis a minha carta ao Mundo/ ele, que a Mim nunca escreveu.»

Janeiro, 1969

Dillinger está morto

Vi o filme *Dillinger está morto*.[4] Haviam me dito que era bom, e de fato nos primeiros dez minutos me pareceu belíssimo, obsessivo e misterioso. Passados dez minutos, me dei conta de que estava morrendo de tédio. Um homem põe um avental de mulher e prepara o almoço. O apartamento pelo qual zanza e se afana é escuro e sinistro. O homem liga a televisão, liga o rádio, mistura a comida nas panelas, pica cebola. Em um dos quartos sua mulher dorme. Em outro quarto há uma empregada doméstica. Em dado momento, procurando não sei qual ingrediente, o homem encontra no armário uma pistola embrulhada num jornal antigo. Lê o jornal por um bom tempo, notícias e fotografias da morte de um gângster (Dillinger). Desmonta a pistola e bota as peças de molho no óleo dentro de uma saladeira. Depois continua em seu afã, indo de um lado para o outro com garrafas, cebolas e panelas, meticulosamente tétrico e num silêncio absoluto. Então almoça sua comida, que descobrimos ser risoto ao açafrão e carne com molho. Põe um filme e olha imagens de férias, mar e praia, sua esposa, várias mulheres. Depois come melancia com rum, primeiro no terraço, depois na cama com a

---

4 *Dillinger è morto*: filme de 1969, dirigido por Marco Ferreri, com Michel Piccoli, Anita Pallenberg e Annie Girardot. [N. E.]

empregada doméstica, com a qual não troca uma palavra. Passaram-se assim duas horas em que vimos um sem-fim de objetos, panelas, hortaliças, partes de pistola, e ouvimos a voz inanimada do rádio. Finalmente o homem monta a pistola e mata a esposa. Pega o automóvel e dirige até chegar a uma praia, sobe num iate e pede para ser contratado como cozinheiro de bordo. Exceto pelos últimos cinco minutos, ficamos trancados dentro de um apartamento, com a sensação de ter caído numa armadilha constituída daqueles quartos e daquelas três pessoas que quase não trocam palavra, mas que mesmo assim são antipáticas, todas as três. São antipáticas, mas nada sabemos delas e nada nos será dito. Impossível imaginar que tipo de pessoa são, que tipo de pais e que tipo de infância tiveram. Impossível imaginar em que tipo de cidade se situa aquele apartamento sombrio. O silêncio sobre tais detalhes poderia ser alucinante e torturante, se fosse um verdadeiro silêncio. Em *O silêncio*, de Bergman, nada se sabe dos três que desembarcam, cansados, no hotel da cidade que permanece desconhecida a eles e a nós, bem como suas ruas, em que se luta uma guerra da qual ninguém sabe nada. Mas aquele silêncio é o silêncio do universo. Em *Dillinger,* o silêncio que se abre por trás das personagens não é o silêncio do universo, é um tipo de vazio de indiferença que não causa angústia, só um sentimento de vertigem física. Todo e qualquer detalhe sobre aquelas três personagens é ignorado e silenciado não porque a vida seja impenetrável ou porque os homens, na condição atual, perderam completamente o vínculo com suas origens, mas porque quem os pensou tinha tamanho desprezo pela espécie humana que julgou inútil contar sobre as origens e a história dos seres em que havia pensado. Eles foram pescados no vazio e são postos um pouco à mostra para depois serem recolocados no vazio. Para quem fez o filme, eles são lixo. O filme é isso e não quer ser nada além disso, o dia de um homem que mata a mulher por tédio. Não havia outras razões para matá-la, ou pelo menos elas não nos são reveladas. Mas por que o tédio também chegou até mim? Não tive pensamentos de angústia, tive pensamentos de tédio. E fiquei o tempo todo com vontade de ofender os propósitos e as intenções da pessoa que havia feito o filme. E com vontade de ofender a sua inteligência. Mas a inteligência é inútil quando não se esquece de si, quando, às imagens que representa, prefere a si mesma. Quando é assim, estraga e entristece todas as coisas que toca. No final, o filme parece até bobo, quando aquele homem fala (tinha dito apenas algumas poucas sílabas até este momento) e se oferece como cozinheiro de bordo do iate. Assim, até mesmo o estéril mistério de sua cozinha, tétrica e meticulosa, vira pó, pois na verdade era simples, tratava-se de um homem que cozinhava bem. Mas até nessa bobagem lemos a determinação. Parece que o autor disse a si mesmo: «Vou criar um final bobo, assim as pessoas ficam ainda mais desorientadas». Eu tinha, portanto, a sensação contínua de esbarrar nessa vontade obstinada, vontade de não deixar nada acontecer e de não narrar. Não tenho nada contra o não narrar e o não acontecer, o que me parece pobre é a determinação. No fim, a única coisa que acontece em *Dillinger* é o homicídio, mas acontece de forma tão irônica e negligentemente tétrica que não sentimos nem ansiedade nem assombro. Ficamos só contentes que esse homem talvez pare de cozinhar (mas na verdade ele não para, pois acaba virando cozinheiro).

Como disse, as três personagens são antipáticas, e também nisso se sente uma determinação certeira. São antipáticas por serem o espelho de uma condição humana que perdeu os verdadeiros valores. Como os verdadeiros valores foram perdidos, o desespero perdeu sua verdadeira fisionomia e suas feições são desenhadas por mão descuidada e implacável. Nada provoca misericórdia, nem desdém, nem emoção, e se tem alguma coisa que é provocada, é apenas irritação e escárnio. Pois não creio que seja possível pintar um rosto, ou uma condição humana, sem usar e provocar misericórdia. Pode haver misericórdia ao lado da irritação e do escárnio. Mas ela se mistura com tanta violência que imprime sua marca própria e inconfundível. Só é possível expressar o tédio de viver amando a vida e olhando para ela com maravilha e paixão. Do contrário, do tédio da vida nasce ainda mais tédio da vida, e seu fruto imóvel e vítreo não se assemelha nem à vida nem à morte.

Pareceu-me que neste filme houvesse inúmeros aspectos de tudo o que hoje encontramos difuso ao nosso redor, seja em romances ou em outras tantas expressões da nossa existência presente. O desprezo pela raça humana e pelas condições em que ela se encontra é tão absoluto que pode ser expresso unicamente pela recusa em tocá-la, em ouvir suas razões e suas palavras. Em vez de observar e escutar a espécie dos homens, a atenção se volta com meticulosa obstinação ao mundo inanimado dos objetos e às mil vozes minerais que substituíram a voz humana.

Na adolescência, certa vez ouvi dizer que era possível fazer uma história a partir de tudo, até do percurso de uma formiga ao longo da fenda de uma parede. Essas palavras me marcaram profundamente. Por muitos anos me perguntei que história seria possível fazer a partir do percurso de uma formiga. Só conseguia pensar em uma história extremamente chata, só conseguia pensar no romance *Ciondolino*, livro infantojuvenil sobre a vida das formigas. Ainda não tinha lido

Kafka, portanto não conseguia pensar como seria possível nosso destino ser refletido por um remoto inseto da terra. Preciso dizer, entretanto, que *Dillinger* não me fez pensar em Kafka, mas me fez lembrar do romance *Ciondolino*. Por que *Ciondolino* é um livro tão chato? Porque finge ser um romance e no entanto se propõe a nos ensinar sobre a vida das formigas. Também em *Dillinger* lemos repetidas vezes o objetivo, a determinação pedagógica de nos ensinar sobre as nossas vidas de formiga, de nos revelar o quanto há de mosca ou formiga em nós, o quão meticuloso, diligente ou tétrico é o tédio que age sobre nós. Vendo o filme, também me lembrei de algumas frases que havia lido em uma carta de Roberto Bazlen em um pequeno volume de *Lettere editoriale* [Cartas editoriais] publicado há poucos dias pela Adelphi. As frases de Bazlen se referem a um filme, *Um condenado à morte que escapou.*[5] «Além do equívoco de ser descarnado, essencial, antirretórico, sem compromisso com o gosto do público (o coitado aqui é o público!), da renúncia aos efeitos, da honestidade a toda prova e bovarismos que tais, o diretor teve a falta de pudor de me roubar três quartos de hora de vida para me mostrar um ninguém que (obcecado pela morte, *of course*) secretamente prepara uma corda para fugir, sozinho em uma cela.» As palavras «o coitado aqui é o público!» zuniam em meus ouvidos enquanto eu via *Dillinger*. Na opinião de Bazlen, o propósito de honestidade, austeridade e pureza estragou o filme do condenado à morte. Porque, ao escrever ou fazer um filme, a verdadeira honestidade não tem propósitos e não pensa em si mesma. Quanto ao compromisso com o público, a verdadeira honestidade não o denega, pois simplesmente nem se lembra de sua presença.

---

5   *Un condamné à mort s'est échappé*: filme de 1956, dirigido por Robert Bresson. [N. E.]

A carta de Bazlen é de 1959, e de lá para cá tudo mudou muito. O filme sobre o condenado à morte já está distante, mas temos *Dillinger*, um filme também cheio de propósitos e intenções. E hoje o público aceita se entediar. Hoje o público está disposto a olhar durante horas, imóvel, para um objeto imóvel. Aceita não entender, não receber explicações, ter diante de si coisas indecifráveis e não as decifrar. Não sei por qual equívoco nasceu a ideia de que o tédio é de algum modo necessário, imperativo e está inextricavelmente ligado às mais altas atividades do espírito. O público se tornou estranhamente dócil, submisso e paciente. O filme *Dillinger* busca infinitos comprometimentos com o público, esse tipo de público secretamente entediado, mas paciente e disposto a tudo. No entanto, talvez se pareça com aquele filme do condenado à morte, que recusava qualquer comprometimento por causa de uma ideia de pureza mal compreendida. Nele via-se um homem, uma prisão e uma corda. Neste vê-se um homem, uma pistola e um apartamento. Também duas mulheres nuas e imagens sexuais. Mas o sexo, quando didático e deliberado, é mais tedioso que uma corda e uma pistola.

Fevereiro, 1969

Nota. Eu assisti ao filme *Um condenado à morte que escapou*, mas me lembro pouquíssimo dele, e é possível que não seja ruim de forma alguma, como disse Bazlen, e sim lindíssimo.

A minha psicanálise

Um tempo atrás recorri à psicanálise. Era verão, a guerra mal havia acabado, eu morava em Roma. Era um verão abafado e de muita poeira. Meu analista tinha um apartamento no centro. Eu o encontrava todos os dias às três da tarde. Era ele quem me abria a porta (ele tinha uma esposa, mas nunca a vi). Sua sala era fresca e estava à meia-luz. O doutor B. era um homem idoso, alto, tinha uma pequena coroa de caracóis prateados na cabeça, um bigodinho cinza, ombros altos e um pouco estreitos. Usava camisas sempre imaculadas, com o colarinho aberto. Tinha um sorriso irônico e sotaque alemão. Trazia no dedo um grande anel de metal com iniciais, mãos brancas e delicadas, olhos irônicos, óculos de aro dourado. Me fazia sentar a uma mesa e sentava-se diante de mim. Em cima da mesa sempre havia um grande copo d'água para mim, com um cubinho de gelo e raspas de limão. Na época ninguém tinha geladeira em Roma, quem queria gelo encomendava das leiterias e o quebrava a golpes de martelo. Como ele fazia para todo dia providenciar aqueles cubinhos de gelo tão lisos e límpidos sempre foi um mistério para mim. Talvez eu pudesse ter lhe perguntado, mas nunca perguntei. Sentia que, para além de sua sala e da pequena entrada que levava a ela, o resto da casa estava, e era para estar, envolto em mistério. O gelo e a água vinham da cozinha, onde talvez a esposa invisível tivesse preparado aquele copo para mim.

A amiga que tinha me sugerido ir ao doutor B., e que também ia lá, não tinha me dito muita coisa a respeito dele. Tinha dito que era judeu, junguiano e alemão. O fato de ele ser junguiano foi algo positivo para ela, para mim era indiferente, pois eu tinha noções confusas sobre Jung e Freud. Aliás, um dia pedi ao doutor B. que me explicasse a diferença. Ele foi pródigo em explicações e em dado momento eu perdi o fio, distraindo-me enquanto olhava seu anel de metal, os cachos prateados sobre as orelhas e sua testa com vincos horizontais, que ele enxugava com um lenço de linho branco. Senti como se estivesse na escola, quando pedia explicações e em seguida me perdia pensando em outra coisa. Essa sensação de estar na escola e na presença de um professor foi um de meus muitos erros durante minha análise. Como o doutor B. havia me dito para escrever os sonhos num caderno, antes de entrar eu sentava em um café e rapidamente jogava meus sonhos no papel, com a agitação de uma estudante que precisa entregar o dever de casa. Era para eu ter me sentido uma doente com um médico. Mas não me sentia doente, apenas cheia de culpas obscuras e confusão. Quanto a ele, não me parecia um médico de verdade. Às vezes eu o olhava com os olhos de meus pais, que estavam longe, no Norte, e pensava que ele não agradaria a eles de forma alguma. Não se parecia em nada com o tipo de gente que eles costumavam frequentar. Teriam achado ridículo o anel de metal; petulantes, os cachos; teriam desconfiado das penas de pavão e dos veludos que decoravam a sala. Além disso, neles estava bem enraizada a ideia de que analistas não eram médicos de verdade e que por vezes poderiam ser «gente equivocada». Teriam considerado aquela sala um lugar de tolices e perigo. Pensar que o que eu estava fazendo teria assustado meus pais tornava a análise fascinante e repulsiva ao mesmo tempo. Eu não sabia que o doutor B. era um analista muito conhecido e que as pessoas respeitadas e apreciadas por meus pais o apreciavam e o frequentavam. Eu o julgava desconhecido por todos e obscuro, encontrado por acaso sob as sombras, por minha amiga e por mim. Assim que chegava, eu começava a falar compulsivamente, pois achava que era o que ele esperava de mim. Achava que se ficasse em silêncio ele também ficaria, e minha presença naquela sala se tornaria completamente sem sentido. Ele me escutava fumando numa piteira de marfim. A ironia e uma atenção profunda nunca se apagavam de seu olhar. À época nunca me perguntei se ele era inteligente ou estúpido, mas agora me dou conta de que a luz de sua inteligência brilhava aguda sobre mim. Foi a luz de sua inteligência que me iluminou naquele verão obscuro.

Amava falar com ele. Talvez a palavra «amar» pareça insensata, visto que se tratava de uma análise, ou seja, de uma coisa em si inamável, acerba e cruel. No entanto, não consegui ver o aspecto cruel da análise, de que me falaram tempos depois. É possível que minha análise fosse imperfeita. Era imperfeita, sem dúvida. A impetuosidade com que eu falava me leva hoje a pensar que eu evidentemente não me esforçava em arrancar coisas secretas de meu espírito, e sim corria casual e desordenadamente à procura de um ponto remoto que ainda não havia descoberto. Tinha sempre a sensação de que o essencial tinha ficado por dizer. Falei tanto e nunca fui capaz de contar toda a verdade sobre mim.

Incomodava-me imensamente pensar que tinha de lhe dar dinheiro. Se meu pai soubesse não só da análise, mas de todo o dinheiro que eu gastava com o doutor B., teria dado um grito capaz de derrubar uma casa. Mas não era tanto a ideia do grito de meu pai que me causava desconforto. Era a ideia de que eu pagava com dinheiro a atenção que o doutor B. dedicava às minhas palavras. Eu pagava por sua paciência comigo. (Apesar de saber que era eu a paciente, eu o considerava muito paciente comigo.) Pagava por sua ironia, seu sorriso, o silêncio e a penumbra daquela sala, pagava pela água e pelo gelo, nada me era dado a troco de nada, e isso me era insuportável. Falei sobre isso, e ele me respondeu que era previsível. Ele sempre previa tudo, eu nunca o pegava de surpresa. Tudo que contava sobre mim ele já conhecia havia muito tempo, porque outros haviam sofrido e pensado igual. Isso me irritava, mas ao mesmo tempo me dava um grande alívio, pois, antes, quando eu pensava em minha solidão, às vezes me sentia estranha e demasiadamente só para ter algum direito de viver.

Tinha outra coisa que me parecia absurda entre mim e o doutor B., e era a unilateralidade de nossa relação. Se a questão do dinheiro me dava raiva, a unilateralidade parecia criar entre nós um desconforto profundo e irrevogável. Eu era obrigada a falar de mim, mas não teria sido nada legítimo se eu me pusesse a lhe fazer perguntas. Não fazia porque na hora não me vinha a ideia de perguntar alguma coisa, e porque eu sentia que deveria me dirigir a sua existência privada usando de máxima prudência e discrição. Mas saindo de sua casa eu procurava imaginar sua esposa, os outros aposentos do apartamento e sua vida fora da análise. Achava que algo essencial estava excluído de nossa relação, isto é, compaixão recíproca. Até a água que ele me dava para beber todos os dias não era destinada à minha sede. Fazia parte de um cerimonial, estabelecido sabe-se lá por quem, sabe-se lá onde, e do qual nem ele nem eu podíamos fugir. Nesse cerimonial não havia lugar para a compaixão. Eu não deveria saber nada sobre seus pensamentos nem sobre sua vida. E se ele, ao examinar minha alma e minha vida, viesse a ter compaixão de mim, esse tipo de compaixão unilateral, e que não recebia nada em troca a não ser dinheiro, não podia ser em

Não me pergunte jamais

nada semelhante à compaixão real, na qual sempre existe a possibilidade de dedicação recíproca e de resposta. É verdade que éramos uma paciente e um médico. Mas minha doença, se existia, era uma doença da alma, as palavras que corriam entre nós todos os dias diziam respeito a minha alma, e a mim parecia que em uma relação como essa não poderia faltar amizade e compaixão mútuas. E, todavia, eu sentia que compaixão e amizade não seriam admitidas naquela sala, e se delas surgisse um pálido espectro seria o caso de bani-lo de nossas conversas.

Certa vez ele se ofendeu comigo e me pareceu cômico. Eu havia encontrado na rua uma garota conhecida que, eu sabia, fazia análise com ele (aos poucos, ia descobrindo que ele atendia muitos conhecidos meus). Essa garota me disse que eu fazia mal em me analisar porque eu escrevia, e a análise curaria meu espírito, mas mataria em mim toda e qualquer faculdade de criar. Contei ao doutor B. Ele enrubesceu e ficou bravo, nunca o havia visto bravo, em seu olhar havia vislumbrado apenas sua ironia e seu sorriso. Bateu na mesa sua mão linda e branca, com anel, e me disse que era mentira e que aquela garota era uma estúpida. Se eu estivesse fazendo análise com um freudiano, ele disse, talvez pudesse acontecer de eu perder o desejo de escrever, mas ele era junguiano e, portanto, isso nunca aconteceria. Ao contrário, eu escreveria livros melhores se chegasse a me conhecer melhor. Demorou-se explicando a diferença entre Jung e Freud. Perdi o fio de sua explicação e me distraí, e até hoje não sei com clareza qual é a real diferença entre Jung e Freud.

Certo dia eu lhe disse que não conseguia dobrar cobertas de modo simétrico e que isso me dava uma sensação de inferioridade. Ele saiu da sala um instante e voltou com uma coberta, dobrou-a segurando-a com o queixo e quis que eu também tentasse dobrá-la. Dobrei-a e por complacência

A minha psicanálise **57**

lhe disse que tinha aprendido, mas não era verdade, porque ainda hoje acho difícil dobrar cobertas de modo simétrico. Certa noite sonhei que minha filha estava se afogando e eu a salvava. Era um sonho muito vívido e cheio de detalhes precisos, aquele lago ou mar era de um azul violento e minha mãe estava na margem, com um grande chapéu de palha. O doutor B. disse que no sonho minha mãe representava minha feminilidade passada e minha filha, minha feminilidade futura. Eu sempre havia aceitado suas explicações sobre meus sonhos, mas daquela vez me rebelei e lhe disse que não era possível que os sonhos fossem sempre simbólicos, que eu tinha sonhado precisamente com minha filha e minha mãe, e elas não representavam coisa nenhuma — estava simplesmente sentindo saudades delas e sobretudo de minha filha, que eu não via fazia meses. Ao contradizê-lo, acredito ter demonstrado certa impaciência. Talvez aquele tenha sido o primeiro sinal de que meu interesse pela psicanálise estava abalado, que eu tinha vontade de me dedicar a outras coisas. Durante as sessões começamos a discutir, porque eu achava que tinha que deixar Roma e voltar ao Norte. Pensava que meus filhos ficariam melhor em Turim, onde estavam meus pais e onde tínhamos casa. Segundo o doutor B. eu estava errada e deveria me estabelecer em Roma com as crianças. Eu lhe explicava todas as dificuldades que eu tinha para montar uma casa em Roma, mas ele dava de ombros e dizia que eu me desencorajava à toa e não enfrentava minhas responsabilidades. Dizia que eu criava falsos deveres para mim mesma. Nossa primeira controvérsia real nasceu ao discutir deveres reais e falsos. Enquanto isso, o frio já começava, e um dia eu o encontrei de colarinho fechado e uma gravatinha borboleta. Aquela gravatinha borboleta em sua pessoa austera e judia me pareceu cretina, o mais cretino sinal de frivolidade. Nem me dei ao trabalho de dizer alguma coisa, de tão inútil que a relação com ele tinha se tornado para mim. Do nada parei de ir vê-lo e mandei o restante do dinheiro que devia com um bilhete. Tenho certeza de que ele não se surpreendeu e de que tinha previsto tudo. Parti para Turim e nunca mais revi o doutor B.

Em Turim, nos meses subsequentes, às vezes eu acordava de madrugada com alguma coisa na cabeça que teria sido útil para a análise e que eu tinha esquecido de dizer. De vez em quando acontecia também de falar comigo mesma com sotaque alemão. Passaram-se anos e, quando eu pensava em minha análise, pensava sempre como uma das tantas coisas que eu tinha começado e não tinha terminado por desorganização, inaptidão e confusão. Muito tempo depois voltei a viver em Roma. Morava a poucos passos do doutor B., sabia que ele continuava lá e uma ou duas vezes me passou pela cabeça ir cumprimentá-lo. Mas nossa relação havia nascido sobre uma base tão estranha que uma simples visita não faria sentido. Sentia que o antigo cerimonial recomeçaria imediatamente, a mesa, o copo d'agua, o sorriso. Não podia oferecer amizade a ele, podia oferecer apenas o peso das minhas neuroses. Eu não havia me libertado das minhas neuroses, havia simplesmente aprendido a tolerá-las, ou me esquecera delas. Então um dia fiquei sabendo que o doutor B. havia morrido. E me arrependi de não ter ido revê-lo. Se existe um lugar onde as pessoas mortas se reencontram, certamente encontrarei o doutor B. e lá nossa conversa será simples, sem memórias de análise e neuroses, e talvez alegre, tranquila e perfeita.

Março, 1969

Cem anos de solidão

Tempos atrás um jornal me perguntou se eu acreditava que o romance estivesse em crise, mas não respondi à questão, pois considerava odiosas as palavras «crise do romance», ouvi-las só me evocava romances ruins e já mortos e enterrados, cujo destino me era indiferente. Acho que pensei que não fazia sentido discutir tanto sobre o romance e que, se somos ou fomos romancistas, seria melhor tentar escrever romances, para eventualmente enterrá-los em alguma gaveta, caso não viessem a lume. Então li *Cem anos de solidão*, de Gabriel García Marquez, colombiano que vive na Espanha. (Na Itália, é editado pela Feltrinelli.) Fazia tempo que eu não lia uma coisa que me marcasse tão profundamente. Se é verdade que, como dizem, o romance está morto, ou se preparando para morrer, saudemos os últimos romances que vieram para alegrar a terra.

Escreveu-se e falou-se muito de *Cem anos de solidão*, dentro e fora da Itália, mas eu amo tanto esse livro que temo que não falem o bastante, que o leiam pouco e que ele se perca em meio aos mil novos romances que saem e se amontoam sobre nós vindos de todos os cantos. A publicação contínua de novos romances não é nenhuma prova de que o romance esteja vivo. Se houvesse motivo para pensar que a espécie dos coelhos está prestes a ser extinta, por longos anos ainda veríamos formas pálidas e cansadas de coelhos, os quais continuariam se juntando, perseguindo-se nos parques e povoando a terra. Poderíamos vislumbrar sinais da proximidade da morte em detalhes mínimos, uma palidez ou uma vaga languidez no aspecto dos recém-nascidos, nossa desconfiança e melancolia ao observar sua evolução sobre a relva. Ver a felicidade e o desejo de viver em algumas daquelas formas seria doloroso e não despertaria em nós nem desejo de viver nem felicidade, mas apenas uma amarga anuência e um amargo adeus. Pensava que o mesmo pudesse acontecer em relação ao romance. Que a possível descoberta de um romance vivo, que não era garantia de que toda a espécie estivesse viva, fosse nos causar dor por estar acompanhada do lamento sobre tudo que dizem que está prestes a desaparecer.

Mas talvez eu pensasse assim porque não lembrava mais o que era um romance vivo. Não lembrava quanta vida nos agrega e como de repente ele pode, com sua presença viva, arrancar ao mesmo tempo nossos trajes de luto e nossa íntima e lúgubre indiferença.

Li *Cem anos de solidão* por acaso, e comecei a leitura sem vontade e com desconfiança. Como nos tornamos desconfiados. Tornamo-nos maus leitores de romances. Além disso, os romances a que procuramos nos dedicar frequentemente nos empurram de volta às primeiras páginas, ou ao lê-los parece que estamos comendo pedras, serragem ou pó, ou então os lemos distraídos e tristes como se estivéssemos em pé carregados de malas na sala de espera de uma estação, cheios de tédio e frio. Se o romance vai morrer porque deixamos de amá-lo, ou se deixamos de amá-lo porque acreditamos que vai mesmo morrer, eu não sei. Difundiu-se entre nós a ideia de que está em vias de extinção, e essa ideia nos penetrou como um sutil cansaço, envenenado por romances ruins e alimentos mortos. Difundiu-se a ideia de que é um erro entregar-se a romances, que romance é evasão e consolo, e é necessário não evadir e não se consolar, mas ficar cravado bem no meio da realidade. Estamos oprimidos por um sentimento de culpa em relação à realidade. Esse nosso sentimento de culpa nos leva a temer romances como se fossem uma coisa que vai nos afastar da realidade. E mesmo aqueles de nós que não acreditam que seja assim respiram uma ideia semelhante, sofrem e padecem por dela, pois se trata de uma ideia sutilmente contagiosa, e nossa sociedade humana atual está estranhamente sujeita a contágios, ideias verdadeiras e ideias falsas espalham-se e confundem-se sobre nós como nuvens, misturando-se a pesadelos e fantasmas coletivos, e por isso não sabemos mais distinguir o falso do verdadeiro. Se hoje queremos escrever um romance temos a sensação de fazer algo que ninguém mais quer e que, portanto, não será destinado a ninguém, e isso torna nossa mão débil e nossa imaginação fria e abatida, e se queremos ler um romance temos a sensação de que hoje a entrega a um mundo imaginário criado por outra pessoa seja proibida e denegada, e encontramos assim pretextos infinitos para não ler aquele romance e abandoná-lo, nossa vida ansiosa e povoada demais, as inquietudes e os pesadelos e fantasmas privados e coletivos que nos encalçam e cercam por todos os lados. Então às vezes voltamos aos romances do passado, como a uma mina de bens fecundos e vitais que nosso tempo perdeu. Mas isolá-los no passado é como mantê-los conservados em vidro, como aprisioná-los nos museus da memória. Temos um enorme desejo de romances nascidos no presente, que tragam marcas do presente, para misturá-los aos romances do passado e amá-los todos. E não sabemos se tal desejo é compartilhado por outros ou se a esta altura somos os últimos a senti-lo, se esse desejo é fruto da insensatez dos solitários ou se é gerado por uma exigência universal e essencial.

Cem anos de solidão

Para mim, ler *Cem anos de solidão* foi como ouvir o som de uma corneta me despertando do sono. Comecei a leitura sem vontade e esperando que me fizesse voltar ao início. Alguma coisa prendeu minha atenção e fui adiante com a sensação de avançar em uma floresta fechadíssima e verde, cheia de pássaros, cobras e insetos. Depois de lê-lo, senti como se tivesse seguido um voo de pássaros ligeiríssimo e infinito, em um céu de distâncias infinitas em que não havia consolo, havia somente a amarga e revigorante consciência do real. É a história de uma família em um vilarejo da América do Sul. Em um desenho intricadíssimo, vertiginoso e minucioso desenrola-se o destino de cada um, misterioso e límpido, abalado por guerras e ruínas e conduzido na glória e na miséria, mas sempre igualmente livre, secreto e solitário, até um ponto imóvel do horizonte onde um céu luminoso e imóvel acolhe memórias e ruínas. Mas não falarei desse romance e não tentarei resumi-lo, pois o amo demais para comentá-lo e encerrar em poucas linhas. Gostaria apenas de pedir, a quem não o leu, que leia sem tardar. Passei dois dias sem conseguir realmente desviar o pensamento daquelas páginas, levantando a cabeça de vez em quando para olhar os lugares e os rostos que lá viviam, assim como em silêncio contemplamos os traços e escutamos em nosso coração as vozes das pessoas que amamos. Depois li e amei alguns outros romances, pois os verdadeiros romances podem milagrosamente nos devolver o amor pela vida e a sensação concreta do que queremos da vida. Os verdadeiros romances têm o poder de nos livrar da covardia, da letargia e da submissão às ideias coletivas, aos contágios e aos pesadelos que respiramos no ar. Os verdadeiros romances têm o poder de nos conduzir, repentinamente, ao coração do real.

O romance é, pois, a história de uma família em um vilarejo. Provavelmente no futuro não haverá mais famílias

Não me pergunte jamais

nem vilarejos, mas apenas cidades e coletividade. Logo, este é o último ou um dos últimos romances em que essas coisas têm vida, e é possível perceber a consciência e o tormento de estar entre os últimos e, ao mesmo tempo, a grande e livre alegria e felicidade por ainda ter tido um breve instante de existência. No futuro não haverá mais romances do tipo, mas serão necessários séculos, devido à lentidão em que se dá a extinção de uma espécie. Por algum tempo os romances serão apenas gritos roucos e soluços, depois chegará o silêncio. As pessoas ficarão inchadas de romances não escritos, e histórias subterrâneas e secretas circularão pelas profundezas da terra. Para apaziguar a própria sede secreta, as pessoas inventarão sucedâneos; assim como haverá comprimidos e biscoitos sintéticos para substituir o pão e a água, haverá sucedâneos de romances, uma vez que os homens têm uma criatividade genial para encontrar sucedâneos para as coisas de que foram privados. E assim passarão séculos. Então um dia o romance, assim como a fênix, renascerá das próprias cinzas. Pois o romance faz parte das coisas do mundo que são ao mesmo tempo inúteis e necessárias, totalmente inúteis porque desprovidas de qualquer razão de ser e de qualquer objetivo que seja visível e, mesmo assim, necessárias à vida como pão e água, e faz parte das coisas do mundo que são frequentemente ameaçadas de morte e, no entanto, são imortais.

Abril, 1969

Infância

Fiz todo o ensino primário em casa, pois meu pai dizia que nas escolas públicas as crianças pegavam doenças. Dava-se muita importância à saúde física, na época, e nenhuma à psicologia; acredito que meu pai nunca tenha se preocupado muito comigo, pois eu era a última dos irmãos e ele, impaciente por natureza e cansado de filhos; além disso, era cheio de preocupações, reais e imaginárias, sobre as quais seu pessimismo inato projetava luzes de tormenta; e a única coisa que lhe pareceu essencial foi me proteger das doenças contagiosas. Sendo meus irmãos bem mais velhos, eu ficava sempre sozinha; e na solidão formulei algumas ideias erradas, como a ideia de que os pobres é que iam para a escola e os ricos estudavam com professora em casa; por isso talvez eu fosse rica, o que, no entanto, me parecia estranho, já que em casa eu sempre ouvia dizer que estávamos «sem dinheiro» e não via ao meu redor sinais de riqueza, como veludos ou brocados ou iguarias saborosas.

Ir à escola, assim como ir à igreja, era uma prerrogativa dos outros; dos pobres, talvez; daqueles que de alguma forma eram «como todos», enquanto nós éramos como ninguém, talvez. Nós não íamos nem à igreja nem à sinagoga, como certos parentes de meu pai; não éramos «nada», tinham me explicado meus irmãos; éramos «mistos», isto é, meio judeus e meio católicos, mas decididamente nem uma coisa nem outra: nada.

Parecia-me que esse nosso ser «nada» em religião marcasse todo o nosso modo de existência: no fundo, não éramos nem ricos de verdade nem verdadeiramente pobres; excluídos de cada um desses dois mundos, relegados a uma zona neutra, amorfa, indefinível e sem nome. Eu esperava que repentinamente nos tornássemos riquíssimos; e nutria ainda mais esperança, misturada a terror, de que se tornasse realidade o que meu pai costumava prever, ou seja, que chegássemos à «ruína», e eu podia ver toda a família sentada sobre os escombros de nossa casa, que caíra durante a noite devido a sua grande miséria, invadida por urtigas e submersa em uma nuvem de poeira.

Eu levantava tarde e esperava a professora lendo romances e comendo pão. Sempre pensava que minha vida era diferente da vida de meus semelhantes: não sabia se melhor ou pior, às vezes suspeitava que fosse melhor, mas ser diferente me fazia sentir humilhada. Privilegiada e humilhada, cultivava o germe do orgulho e da vergonha. Minha falta de hábito de estar em meio a coetâneos me tornava autoritária com os fracos e apavorada com os fortes, quando tinha com quem brincar; mimada pela solidão, que na verdade eu odiava, tornei-me obstinada e prepotente, e ao mesmo tempo terrivelmente tímida; e era em igual medida sedenta de companhia e incapaz de suportar a vontade do próximo.

No fim do ano me levavam a uma escola pública para fazer os exames. Era uma escola pequena, quase no interior, que fora escolhida porque era onde minha professora ensinava. Descíamos no ponto final do bonde e percorríamos um trecho a pé entre jardins e cerejeiras; eu era recebida com grande festa por algumas professoras, todas colegas e amigas da que me dava aula.

Não me pergunte jamais

Crianças curiosas e tímidas me cercavam; eu também tinha curiosidade por elas e sentia uma timidez brutal; costumavam usar os cabelos curtos, laços azuis e aventais brancos; falavam em piemontês, língua que eu entendia pouco, e que amava e invejava porque me parecia a língua sublime e beata dos pobres, daqueles que podiam ir à escola e à igreja, daqueles que tinham a imensa sorte de ser tudo aquilo que eu não era. Sentia crescer em mim como um fungo a convicção soberba e humilhante de que eu era diferente e, portanto, solitária. Aquelas professoras louvavam meu italiano e minha estatura alta, não sabendo o que mais elogiar, acredito; pois eu era, pelo que diziam minha professora e minha mãe, uma grande burra.

Sem merecer, e confusa por saber que não merecia, passava de ano com notas altas; não me importava muito, eu não tinha ambições; durante os exames não sentia nem ansiedade, nem coração acelerado; e uma vez não me dei conta de que estava fazendo um exame, porque depois de ouvir que a «prova do exame» estava começando, pensei que fosse apenas um ensaio e que eu faria o exame de verdade um outro dia; depois entendi com surpresa que o exame já tinha acontecido.

Aquilo que minha mãe chamava de «teu ginásio» não era longe de nossa casa e eu sempre passava em frente a ele. Sabia que um dia seria minha escola. Quando fui até lá para os exames de admissão, não vi ninguém, pois estava com a cabeça nas nuvens; pouco habituada aos estudos, a mínima tentativa de estudar ofuscava minha atenção; a única coisa que eu amava, um poema sobre Carlos Alberto,[6] não caiu no exame, e fiquei decepcionada; mas foi por um segundo, e

---

6   Carlos Alberto (1798-1849), dito o Hesitante, foi rei da Sardenha de 1831 a 1849. [N. E.]

Infância

voltei à inconsciência. Passou o verão e eu não pensei muito em minha futura escola; eu situava em meio às coisas auspiciosas que o outono me prometia, mas sem prestar muita atenção eu a havia posto ao lado de muitas novas atividades a que me propunha: minha vida preguiçosa se tornaria muito ativa, eu estudaria música e faria um esporte.

Assim, certa manhã estava eu de pasta e avental preto no ginásio, que me pareceu um corredor cheio de cabideiros. Havia uma multidão de meninas com aventais de cetim. O meu era de alpaca, tecido opaco e mole que detestei pelo resto da vida. Enquanto meu material estava numa pasta de couro, o das outras eram presos por uma cinta, e vi que também este era um erro. Elas rodavam os livros presos naquelas cintas com um gesto que me parecia impossível, pois de repente eu me tornara de madeira: um gesto que me pareceu a mais elevada expressão de liberdade e glória.

Todas vinham de escolas públicas. Conheciam-se, ou porque vinham da mesma escola, ou porque para elas fazer amizade era simples como respirar. Me sentindo cada vez mais de madeira ou chumbo, entrei na sala de aula e sentei com a pasta a minha frente. Imediatamente detestei tudo, as paredes verdinhas, as luzes fracas em um dia de chuva, o mapa da Itália, os tinteiros secos e endurecidos pela tinta ressecada. Dilacerada de vergonha, lembrei que no caminho fiquei torcendo que me pedissem para recitar algo, e eu recitaria o poema sobre Carlos Alberto.

Fiquei sozinha no banco, e era a única sem par. O professor, alto e idoso, de cavanhaque, ditava a lista dos livros didáticos. Com uma caneta-tinteiro que manchava os dedos, eu escrevia e de vez em quando enumerava para mim mesma as razões pelas quais eu não tinha o direito à aprovação do próximo: minhas meias de algodão cotelê marrom; meus sapatos de cano alto; e ainda outras que eram invisíveis, mas que de alguma forma obscura pareciam impressas na minha pessoa: as infinitas faltas que maculavam minha casa, a ausência de telefone, a ausência de flores na varanda, o papel de parede rasgado; o fato de estarmos sempre «sem dinheiro» e todavia não sermos maravilhosamente pobres; os ataques de fúria de meu pai, que podiam explodir a qualquer hora, até na Páscoa ou em festas de aniversário.

Veio-me a imagem da minha casa, detestável e adorada, um refúgio onde logo me esconderia mas que não me traria consolo, pois o desgosto de não ter amigos me perseguiria sempre e em qualquer lugar. Eu reclamaria duramente com minha mãe por causa do meu avental, da pasta e da caneta, mas não diria mais nada. Não lhe revelaria que fiquei sozinha no banco e que ninguém havia me dirigido nem mesmo uma palavra. Os motivos que me levavam a manter segredo sobre minha falta de sorte ainda não me estavam claros; mas sabia que a ideia de entristecer minha mãe era alheia ao meu propósito de silêncio.

Pela primeira vez na vida não me importava se minha mãe ficaria alegre ou triste; me sentia muito longe dela, apesar de ter estado com ela pouco antes e de que, em seguida, a encontraria em casa; sentia minha vida escorrer por caminhos em que não havia nenhuma das pessoas que até aquele dia eu tivera comigo.

Maio, 1969

Não me pergunte jamais

Por ter feito uma assinatura da temporada de ópera, vou à opera várias vezes por ano. Não entendo a música, e por isso não a escuto. Em geral durmo ou fico pensando. Penso em todas as óperas que ouvi na vida. Não as escutei, eu as ouvi. E talvez seja exagero dizer até que as ouvi. Penso em todas as óperas a que assisti, testemunha inútil e perdida em seu próprio pensamento. O Teatro dell'Opera, que frequento há muito tempo, e onde por bastante tempo dormi e pensei, é para mim um lugar bastante familiar e, portanto, acolhedor. Todas as vezes eu me proponho escutar, todas as vezes decido que vou escutar. Mas logo depois minha atenção desaparece. Há breves momentos em que, sem querer e quase distraidamente, escuto, e nesses breves momentos aprecio os sons. A satisfação de ter escutado é tão grande que me perco em seu mar, e eis que de novo me ausento.

Não acompanho a história das óperas. Nunca leio os libretos em casa, e no teatro não entendo nada das atribulações que se desenrolam e se entrelaçam entre cantos e músicas, mas não me importo nem um pouco, aliás, as detesto.

Mesmo tendo assistido a muitas óperas, toda vez me pergunto se devo escutar ou olhar. Na dúvida, não faço nem uma coisa nem outra. Com relação à música, sempre tenho a sensação de que poderia tê-la amado, mas por um erro trágico ela me escapou. Às vezes tenho a sensação de que eu talvez ame a música e de que a música não me ama. Estava a um passo de mim, e eu não soube, ou ela não quis, atravessar aquela pequena distância. Quando eu era mais jovem, pensava que em algum momento entenderia a música. Quando eu era ainda mais jovem, ou seja, uma menina, acreditava que seria uma pianista ou violonista prodígio. Tocaria sinfonias e óperas compostas por mim para um público extasiado.

A primeira ópera de que tive notícia na vida foi *Lohengrin*. Foi minha mãe quem me falou dela; e foi a única cuja história me comoveu. A leviandade cometida por Elsa me deixou arrasada. Era tão fácil não perguntar nada. É o tipo de coisa com a qual não dá para se conformar, assim como, ao ler *Guerra e paz*, não dá para se conformar quando Natasha abandona o príncipe Andrei para fugir com aquele estúpido do Anatol.

Com respeito ao que Elsa fez em *Lohengrin*, quando criança eu me roía de raiva quandopensava que eu nunca agiria daquela forma, nunca daria ouvidos à malvada Ortruga, nunca perguntaria a Lohengrin qual era o nome dele. Para mim, era inacreditável que um nome pudesse causar tanta curiosidade (esquecia-me de que não me causava curiosidade simplesmente porque eu já o conhecia). Até hoje não consigo ouvir ou pronunciar as palavras de Lohengrin a Elsa — «Não me pergunte jamais» — sem sentir um arrepio na espinha. Para mim, na infância, elas vibraram como um presságio de que seriam inúteis; soaram como uma ordem dilacerante, pois estava ciente de que não seria obedecida, de que portava o anúncio de uma catástrofe que separaria aqueles dois seres, diante da qual o retorno do irmão era um mísero consolo para Elsa e para todos. «*Mai devi domandarmi/ né a palesar tentarmi/ onde io ne venni a te/ né il nome mio qual* è.»[7] No entanto, a tola Elsa quis saber como ele se chamava. Eu imaginava o quanto ela deve ter ficado mal diante da frustrante revelação («*Mio padre Parsifàl in esso regna/ io son Loingrín suo figlio e cavalier*»),[8] pois viria seguida de desastres. Eu costumava reconstruir do meu jeito a história dos dois. Elsa não perguntava nada e eles viviam felicíssimos. Ou ele, Lohengrin, ficava com ela apesar de sua desobediência. Porque em dado momento ele ter ido embora por tão pouco me pareceu ainda mais cretino que o desatino dela.

Contudo, depois compreendi que, com um final feliz, aquela história cairia por terra, seu fogo se apagaria. O segredo de sua grandeza fulgurava no erro e na irrevogabilidade do erro. Era uma verdade elementar, mas fiquei atônita e esse instante em que tomei consciência ficou gravado em minha memória, pois pela primeira vez na vida eu vislumbrava a superioridade da desventura sobre a felicidade.

Quando fui ver *Lohengrin* no teatro, fiquei decepcionada. Achei o cisne pequeno, uma espécie de ganso; Lohengrin um velhote feioso por causa de um elmo grande demais; Elsa baixa e velhota com duas caudas amarelas, em nada semelhante à criatura alada que morava em minha imaginação. Disse à minha mãe que não gostava de ópera no teatro porque a música cobria as palavras. Eu preferia as palavras na voz da minha mãe. Na verdade, no teatro eu não reconhecia as palavras não só por causa da música, mas também porque elas eram engolidas pelos gorjeios e trinados. As tranças de ouro de Elsa e as tranças negras de Ortruda mantiveram-se vivas

---

7   Da tradução do libreto em português, sem referência ao tradutor: «Jamais deverás perguntar, nem mesmo ter curiosidade de saber, de onde eu procedo e qual é o meu nome». [N. T.]

8   Da tradução do libreto em português, sem referência ao tradutor: «Meu pai, Parzival, carrega sua coroa, e eu, seu cavaleiro, me chamo Lohengrin!». [N. T.]

Não me pergunte jamais

em meu ambiente doméstico, e perdi as esperanças de um dia encontrá-las no teatro. É possível que a origem de meu parco interesse por óperas esteja nessa antiquíssima decepção. Tempos depois, meu marido me disse que *Lohengrin* era uma grande ópera, mas que não estava entre as melhores. Não acreditei nele. Mantenho a convicção de que é a melhor ópera de Wagner. As palavras «Não me pergunte jamais», que minha mãe cantava tomando café de manhã e que eu mesma costumava gritar ignorando ser desafinada e pensando que poderia me tornar uma cantora famosa, têm o poder mágico de me transportar às felizes manhãs da minha infância e à minha mãe.

Sempre vivi com pessoas que amavam e entendiam a música. Primeiro minha mãe, depois meu marido. Ambos sempre me incitavam a ir a concertos, óperas, me explicando que na verdade não havia nada a entender, que escutar era suficiente, que minha surdez para música era apenas preguiça. Por isso sempre fui a óperas e concertos, mas toda vez descobria que a simples ação de escutar me era negada. Para mim, a música é um universo desconhecido.

Certa noite, na ópera, o cantor estava com a voz um pouco rouca. Eu estava achando sua voz fascinante. De repente escutei assobios e baixaram a cortina. Os outros, os entendedores, julgaram que aquele cantor cantava mal. Depois ele apareceu por entre as cortinas e pediu desculpas. Lembro dele, baixo, pequeno, humilhado, de cabeça baixa. Então todos aplaudiram. Eu aplaudi o mais forte possível, porque o achei simpático, suave e humilde, e também porque, para mim, que ignoro tudo sobre música, sua voz rouca pareceu extremamente doce.

Ao longo da vida fui apaixonada por algumas árias de algumas óperas. Quando vejo *Don Carlos*, espero o momento em que ouvirei cantarem «Sotto la volta nera». Sempre acho que esse momento passa rápido demais. «*Dormirò sol nel manto mio regal/ quando la mia giornata è giunta a sera/ dormirò sol sotto la volta nera/ là nell'avello dell'Escurial.*»[9] Gosto tanto dessa ária que um dia, ao comprar pasta de dentes, senti um arrepio de emoção; e só depois de alguns instantes entendi que a marca da pasta de dentes, Arobal, me evocara «l'Escurial» e «la volta nera». Não sei se amo a imagem, a música ou as palavras dessa ária. Não entendo muito bem a situação psicológica que conduz a essa ária, mas não me importa. Para mim, antes e depois dessa ária, *Don Carlos* é apenas um ruído sem importância.

Na ópera, sempre espero conseguir reter alguma ária para lembrar e amar. Na maior parte das óperas, porém, não encontro nada que pareça destinado a mim. Desertas de árias, povoadas de alabardas e elmos, repletas de rochas de papelão imersas em luzes espectrais, cheias de barulho e de gritos, não vejo significado algum nas óperas a que assisto.

A esta altura me perguntarão por que é que tenho uma assinatura da temporada. Eu não sei. Entretanto, sei que para mim a música está definitivamente perdida. Assim, sempre me surpreendo e fico perplexa com minha inferioridade em relação aos outros, pois o teatro inteiro parece escutar os fragores e os gritos e contemplar as rochas espectrais e compreender sua linguagem. Para mim tudo permanece calado, quase sempre estou fora da jogada. Mas acho que para as outras pessoas talvez todas as óperas sejam como o que é para mim «la volta nera», ou como, n'*As bodas de Figaro*, «lei resti servita, madama brillante», ária que adoro, que levo comigo para casa e que repito sem parar, e que, quando bebo *acqua brillante* [água tônica], volta à lembrança como um sopro e

---

9   Dormirei sozinho em meu manto real/ quando à noite chegar meu dia/ dormirei apenas sob a abóbada negra/ lá no sepulcro do Escurial. [N. T.]

Não me pergunte jamais   **77**

me dá um arrepio, um arrepio de alegria e de frio que talvez seja, quem sabe, a manifestação de meu amor pela música.

Maio, 1969

As tarefas domésticas

Sem poder dormir, a velha mãe costuma se levantar, desce à cozinha e prepara um café enquanto ainda está escuro. Depois senta no sofá da sala de jantar, fica ali fumando e espera o dia amanhecer. Ela gostaria de começar logo as tarefas domésticas: varrer as escadas, lavar o chão, limpar portas e janelas. Não pode, pois todos dormem; e essas ações em que pensa e que não executa queimam-na como fogo frio. Quando jovem, era desorganizada e preguiçosa; envelhecendo, ficou com mania de organização e com uma espécie de amor torpe pelas tarefas domésticas; os filhos, as noras e os amigos costumam censurar essa sua paixão, a definem como um sinal degradante e deplorável de velhice e pobreza de espírito. As tarefas domésticas são para ela, eles dizem, um álibi para não fazer coisas diferentes e mais nobres: ler, acompanhar a política, estudar. A velha mãe nunca entendeu nada de política, na cabeça tem apenas três ou quatro pensamentos, ásperos e persistentes, e os cultiva quando está no sofá fumando ou enquanto executa as tarefas domésticas com fúria.

Em geral, por volta de seis e meia as crianças acordam, filhos de seus filhos, que passam os meses de verão com ela. A velha não se move do sofá; fica ali à espreita como um abutre com as garras pousadas sobre uma rocha. Fuma, cultiva seus quatro pensamentos e fica olhando através dos vidros as oliveiras e parreiras imersas na névoa da manhã.

Em uma época remota e muito feliz, a mãe ainda jovem e não vencida pelas desgraças tirava os filhos da cama, os lavava, dava-lhes café com leite e os levava para passear. Sua mãe lhe havia ensinado que isso tudo era essencial. Ela lembra ter sido, como já mencionado, desorganizada e preguiçosa; mas em sua desorganização havia um pensamento inabalável: que as crianças tinham de se levantar assim que acordassem, que deveriam ser ensaboadas com força, pulverizadas com talco e, depois do café com leite, levadas para tomar o primeiro e fresco sol da manhã.

Hoje ela gostaria de fazer o mesmo com os filhos de seus filhos, mas uma operação assim tão simples, como acordar essas novas crianças e dar banho nelas, não lhe é permitida. Essas novas crianças mantêm, em seus quartos, biscoitos e gibis; vão levantar mais tarde, quando elas mesmas decidirem; vão zanzar pela casa com seus pijamas de malha, vão espalhar revistinhas e biscoito em cima dos pais ainda imersos no sono.

Enfim, mães e pais também acordam, se levantam e descem à cozinha, desgrenhados e descalços: não usam chinelos ou não se preocupam em procurá-los embaixo da cama; a velha mãe se pergunta por quanto tempo ainda haverá fábricas de chinelos, visto que as pessoas parecem julgá-los inúteis. Ainda tropeçando de sono, os jovens pais e mães procuram pão e xícaras pela cozinha. Começa um longo e caótico café da manhã, sem café com leite: o café com leite, assim como os chinelos, parece estar desaparecendo da face da terra. Circulam ovos mexidos e sucos de fruta de caixinha; e uma substância horrível, escura e gordurosa que passam no pão e que se chama Nutella.

Perguntam às crianças o que elas querem comer; não sabem, e a indecisão as faz chorar; o sol já está quente lá fora e a velha mãe pensa que as crianças já deveriam estar no sol havia muito tempo; fica quieta, porque a esta altura já se acostumou a ficar quieta; pensa que o modo como essas novas crianças são criadas é muito complicado e cansativo; o modo antigo talvez fosse autoritário e descuidado; naquela ação de tirá-los da cama assim que acordavam, dar banho e levá-los ao ar livre talvez houvesse, como dizem hoje seus filhos, prepotência e dominação; a velha mãe se pergunta se até o café com leite era prepotência: ela mesma detestava, mas achava bom quando quem bebia eram seus filhos.

Enquanto isso os jovens pais e mães decidem se vão ficar o dia todo na praia ou só de manhã; parecem ignorar que a esta altura a manhã quase acabou. Decidem sobre qual praia e com que automóvel vão; a mãe pensa que o traço que define os jovens de hoje é a indecisão. A indecisão dos pais acaba envolvendo as crianças: choram, pois a indecisão os exaspera; misturam às incertezas dos pais suas próprias incertezas, perguntam às lagrimas como deverão se vestir e que brinquedos deverão levar; de repente os pais ficam bravos, na raiva adotam um tom trágico; esses novos e jovens pais e mães não costumam gritar com os filhos, mas quando perdem a paciência acham que têm de fazer uma expressão trágica: as crianças soluçam, os pais já arrependidos se afastam com os filhos e não os consolam, mas lhes dão, sussurrando secretamente, explicações difusas sobre o próprio comportamento. A velha mãe pensa que as broncas rápidas, instintivas e distraídas, furiosas e logo depois esquecidas, são outra coisa que desapareceu da face da terra. Enfim eles se vão cheios de boias, baldinhos, toalhas e sacolas; e a velha mãe pensa que poderá realizar as tarefas domésticas.

Na porta, noras e filhos ordenam-lhe que não faça nada; nos quartos tudo já foi feito, eles dizem. A mãe, assim que eles saem, vai aos quartos: com um prazer torpe e selvagem põe abaixo as camas já arrumadas e recolhe regatas e revistas. A quantidade de camisetas é infinita; estão em todos os cantos da casa, manchadas de frutas e impregnadas de areia; e é infinita a quantidade de revistas, que deixam espalhadas por todos os lados por onde passam. A mãe sabe que no inverno eles vivem de forma diferente; filhos e noras trabalham, as crianças talvez tomem banho assim que acordam e são levadas à creche. A indecisão é um fruto das férias; explode no verão, mas talvez esteja sempre escondida na vida dos jovens, como um instinto de férias eternas em que o tempo definha em meio a rios de palavras gratuitas.

Outrora, ao executar as tarefas domésticas, a mãe nutria o desejo secreto de que os familiares elogiassem sua rapidez e eficiência; mas os elogios nunca vieram, só reclamações, comentários chatos e julgamentos severos; os filhos mandaram-na parar com essa bobagem de fazer faxina; eles viveriam igualmente bem, disseram, em uma casa onde o chão não fosse lavado todos os dias. Assim, ao lavar o chão, a mãe fica em dúvida se está fazendo uma coisa inútil: de fato, é verdade que o chão não precisaria ser lavado todos os dias. Ela, quando jovem, não o lavava nunca; na época havia empregadas que o lavavam muito bem; e sua própria mãe não podia conceber a ideia de que fosse possível morar em uma casa onde as empregadas não lavassem o chão todos os dias. Mas hoje não existem mais empregadas; e, se existem, são figuras tão evanescentes e instáveis que o receio de perdê-las é mais forte que o desejo de que lavem o chão. Quanto aos jovens, eles pensam que não é certo ter empregadas; e no caso de se ter uma, nunca será possível impor-lhe que lave o chão, pois se trata de uma mortificação do espírito que não deve ser imposta a vivalma, e deve ser cumprida, excepcionalmente, uma vez por ano.

Não me pergunte jamais

Lavando o chão com fúria, a mãe se pergunta por que faz isso, uma coisa talvez de fato inútil e mortificante; se pela memória da própria mãe, se por um prazer estéril e doentio. Não é por amor à casa, ela já entendeu que não se importa nem um pouco com a casa. O que lhe importa neste mundo são os filhos e suas doces e encaracoladas crianças: pessoas às quais não interessa nem um pouco se o chão está lavado ou não. A mãe senta no sofá, fuma, olha as oliveiras e videiras ardendo sob o sol do meio-dia. Agora estão voltando com suas boias, toalhas úmidas e impregnadas de areia, suas camisetas sem manga, pedaços de pão e revistas: a bagagem desse rebanho lentíssimo, feliz e indeciso. A mãe se pergunta se, depois que ela morrer, alguém vai lavar o chão da casa.

Agosto, 1969

Um mundo enfeitiçado

Dentre os muitos filmes que vi nos últimos anos, meus dois preferidos são *Vergonha*, de Bergman, e *Satyricon*, de Fellini. Mas não quero atribuir a mim mesma nenhuma competência em matéria de filmes. Minhas impressões são unicamente as de um espectador. Não sei se existe alguma relação entre Bergman e Fellini, não vejo nenhuma. Tenho a impressão de que amo *Vergonha* e *Satyricon* por razões opostas e contrastantes. Se os emparelho é porque encontrei tanto em um como no outro a mesma força, que para mim é radiante e consoladora. E verei novamente, muitas vezes, tanto um quanto o outro: minha memória visual é por demais atrapalhada e imperfeita.

Se tivesse de dizer por que amo *Vergonha*, acho que conseguiria. Amo porque é uma história essencial, imperiosa e límpida. Também amo porque é uma história avara e pobre. Sua geografia e sua geometria são áridas, despojadas, seu núcleo poético é transparente e cruel. Um juízo moral mobiliza todos os seus elementos. Esse juízo moral está de tal forma compenetrado em seu núcleo poético, nas dobras e nos rostos de sua trama, que vive e respira em cada uma das imagens; e então a vergonha, a abjeção e a desolação ficam impressas para sempre em nós junto aos rostos e às paisagens daquela guerra anônima e miserável.

Mas me é bastante difícil dizer e saber por que amo tanto *Satyricon* de Fellini. Quando fui vê-lo achava que não me agradaria de jeito nenhum, que não teria nada a ver comigo e que o acharia obscuro. Mas passei a amá-lo já no primeiro instante, mesmo achando-o obscuro desde o primeiro instante, e descobri que amava *Satyricon* exatamente por sua obscuridade.

Detesto as coisas que me são obscuras: eu as detesto quando tenho a sensação de que por trás de sua obscuridade não há nada, quando se trata de uma obscuridade de algum modo consciente e determinado, difusa para esconder o vazio e a fixidez do pensamento, a apatia de um espírito que, por não conseguir amar ou inventar nada, emana névoas e trevas profundas para cobrir só um pouco de desordem, futilidade e confusão. Acho que as coisas claramente ruins são por demais preferíveis às coisas ruins obscuras que com frequência nos são ofertadas, pois podemos jogar fora as primeiras na mesma hora, sem fazer o triste esforço de desatar seus nós. As coisas ruins obscuras inspiram uma espécie de angústia; diante delas nos sentimos inúteis, prostrados, inutilmente apreensivos e imbecis. Angústia e prostração que são provocadas quando vemos desordem e apatia; a apatia é contagiosa e nos adoece de uma náusea melancólica; e às vezes confundimos essa náusea melancólica e prostração com alguma coisa digna de valor, acreditamos que seja um reflexo do desespero humano e o espelho de nossa condição presente; mas não é verdade, pois quando o desespero humano de fato nos é oferecido e se espelha em nós, não sentimos náusea ou prostração; ao contrário, sentimos que uma onda de glória de repente nos levantou.

Depois de ter descoberto que amava *Satyricon* por ser obscuro, entendi o quão sedentos estamos da verdadeira escuridão. A verdadeira escuridão é proposta muito raramente e, quando acontece, nosso pensamento não se cansa de examiná-la para desvendar seus segredos. As trevas nos apresentam a real profundidade da noite e a verdadeira consciência de nossa condição humana diante dos segredos da realidade, misteriosos para nosso pensamento e povoados de uma vida intensa e enfeitiçada.

A história de *Satyricon* não é nada obscura: obscura e escondida é a localização de seu núcleo poético, o qual sentimos respirar em todo lugar sem compreender precisamente onde é sua morada. Sua geometria nos escapa porque é imensa; sua geografia nos escapa porque é um domínio vastíssimo, superlotado e generoso. *Satyricon* nos abre um mundo enfeitiçado e secreto, assim como enfeitiçada e secreta é a verdade nas trevas e nos clarões de nossa consciência. Esse mundo parece ser distante e remoto, e no entanto caminhamos por ele como se trilhássemos o caminho de casa; para nós, é maravilhoso reconhecer em sua lonjura sem fim aspectos da nossa vida cotidiana que amamos; maravilhoso e horrível, como se estivéssemos sendo convidados a viver em um novo planeta, onde nossas leis costumeiras fossem subvertidas e onde, estupefatos e deslumbrados, pudéssemos reconhecer objetos do nosso dia a dia e estender as mãos a eles com gratidão e horror. Todavia, o tempo todo temos a sensação de tocar e perder esses aspectos da nossa vida cotidiana.

Nesse mundo, o horror e o esplendor surgem unidos e conjugados, e tal cruzamento gera cruzamentos infinitos, e infinitas combinações e semelhanças. As mulheres parecem pássaros ou peixes e os homens parecem mulheres, os velhos parecem crianças e as crianças parecem velhos, nos animais veem-se características humanas, e todos surgem como uma vegetação colorida e frondosa, embebida de vida e ao mesmo tempo estragada e doente; minada na carne por obscuras e misteriosas semelhanças. Semelhanças que se revelam

Um mundo enfeitiçado

deploráveis e dolorosas aos nossos olhos, como se servissem para indicar o vício, a desventura e a doença, e no entanto parecem indicar também a generosidade da vida, que espalha suas dádivas sobre todos de forma livre, insensata e gloriosa. As vozes roucas, os vapores que escapam dos antros, as muralhas pretas e as escadas pretas às vezes desertas, às vezes fervilhando com uma multidão coberta de peles e trapos, as referências cruéis e maliciosas, as comidas dos jantares sanguinolentos e esfumaçados, ao mesmo tempo repugnantes e apetitosas, a carne inerte e láctea do hermafrodita e sua boca de flor já murcha são os sinais e as mensagens do destino que persegue os humanos e os empurra em direção a mares desconhecidos ao sabor do curso irrefreável da existência; sinais e mensagens que nunca saberemos se foram maléficos ou benéficos, pois que ventura e desventura estão misturados e retorcidos em uma inextrincável semelhança. As longas risadas estridentes das personagens desse mundo, os sorrisos ambíguos, a mistura dos idiomas parecem aludir a uma verdade desconhecida que reside fora dele, verdade cuja localização, cujas leis, não podemos conhecer, nem podemos saber quando foi ou quando será revelada; e o desprezo do eco sobre as planícies sem fim é a única resposta que os humanos talvez possam colher em sua viagem e em sua aventura terrena: viagem que não terá uma meta visível; resposta indecifrável e enfeitiçada; aventura que não terá conclusão.

Setembro, 1969

O grito

Entendo muito pouco de pintura, e raramente fico olhando muito tempo para um quadro ou uma reprodução. Mas fico olhando por muito tempo as reproduções dos quadros de Edvard Munch. Acho um grande pintor, maravilhoso. Meu modo de olhar seus quadros não é de quem ama e entende de pintura, penso eu, mas um modo de olhar um tanto primitivo, com olhos de romancista. Para mim, são como histórias de angústia. Não estou dizendo que todos os romancistas olham para quadros de modo primitivo, mas meu modo é primitivo, e minha curiosidade é movida por inquietações que nada têm a ver com a pintura. Os quadros de Munch sempre têm título, o que me fascina; olho cada um repetindo o título comigo mesma e procurando, para além da imagem, a história secreta da inapreensível angústia que se dissipa na sombra. Acredito que não haja modo pior e mais primitivo de olhar um quadro, e ao mesmo tempo tenho a sensação, olhando para os quadros de Munch dessa forma, de que a grandeza de sua pintura penetra nas trevas de meu espírito, porque eu não olharia tanto para eles se fossem pintados de outro modo. Soube que Munch pintou seus quadros mais belos entre os vinte e os quarenta anos; e que, depois de uma tentativa de suicídio, recuperou-se em um manicômio. Quando saiu estava curado; viveu ainda por muitos anos (morreu velho), mas pintou quadros ruins; a angústia era sua única fonte de inspiração; uma vez sufocada, apagou-se nele também a grandeza criativa. Dentre seus últimos quadros há um que me parece não suscitar nenhum interesse pictórico, mas pode suscitar um interesse psicológico, e, de um ponto de vista psicológico, revela — mesmo sem expressar nada poética ou pictoricamente — uma condição humana um tanto cinza e desolada: angústia sufocada e domesticada, que não tem mais forças nem para gritar, nem para falar, que simplesmente diz «boa noite» com a voz rouca e tênue dos doentes que se recuperam de um delírio. O quadro se chama *Entre o relógio e a cama* e é um autorretrato; vemos um velho senhor entre um relógio de pêndulo e uma caminha com uma coberta listrada; sóbrio, educado e rigorosamente sereno: uma sóbria espera da morte. Não há sequer lembrança das antigas paisagens perturbadas por uma fúria lívida, dos antigos crepúsculos sombrios e vertiginosos; as pontes por onde caminham figuras angustiadas, as faces lívidas e os mantos negros ficaram trancadas para fora do pequeno quarto onde o homem pode se proteger de seus fantasmas. Tem também um outro quadro, mais feio e ainda mais desolador, de novo um autorretrato: sentado à mesa o pintor come uma triste cabeça de peixe fingindo prazer. Como pintor, Munch tinha morrido havia muito tempo; sobreviveu um velhinho limpo e modesto que pintava quadros ruins e talvez tenha encontrado a saúde na mediocridade. Isso não tem importância, pois de todo modo foi um grande pintor; os quadros ruins ou os romances ruins que uma pessoa pode fazer não chegam a atingir, nem de leve, os grandes quadros ou as grandes obras que fez no passado; enquanto estiver vivo, seu público e seus amigos podem lamentar suas novas obras ruins e perguntar-se como foi possível que uma coisa tão triste tenha acontecido, um tal mergulho na mediocridade; mas depois de sua morte, compreendemos que não importa: suas obras medíocres voam para longe com um sopro; na verdade não eram nada, eram um modo qualquer de passar os anos, um passatempo como palavras cruzadas ou tricô jogados sobre um sofá. Dentre os quadros de Munch, há um que considero maravilhoso. Chama-se *O grito*. É um quadro famosíssimo. Veem-se uma ponte, um céu tempestuoso vermelho-fogo, águas turbulentas de um azul de tinteiro e uma mulher que grita. A mulher aperta o rosto com as mãos, os olhos esbugalhados pela visão do horror; ao fundo há uma paisagem lívida, mas também flamejante e castigada por uma tempestade que não se sabe se é seca ou de gelo; duas imprecisas formas de homem avançam indiferentes, à distância; a mulher joga seu grito no vazio. Perguntei-me mil vezes o que teria acontecido àquela mulher — pergunta idiota, seja porque nunca saberei, seja porque em seguida digo a mim mesma que não quero saber; na verdade sinto que conforme avanço em minhas conjecturas mato algo em mim, qualquer conjectura será mais indigna e menos desoladora que esse grito incógnito. Pelo resto da vida guardaremos aquele grito nos ouvidos, mais forte que o grito do vento e o estrondo dos rios; pelo resto da vida continuaremos ridiculamente a nos perguntar o motivo do grito e a responder que não importa; pois os fantasmas da angústia não têm nome e nem voz, os questionamentos da angústia estão fadados a permanecer sem resposta, os lugares da angústia estão não se sabe onde, em uma paisagem de nossa alma onde não sabemos se queima o verão ou o inverno. Penso que Munch talvez tenha ficado louco porque aquele grito, aprisionado na tela por ele próprio, dilacerava seus ouvidos. A convivência com nossos próprios fantasmas, criados por nossa fantasia e para nós origem de expressão e libertação — e, portanto, de felicidade —, pode, no entanto, se tornar uma convivência obsessiva, pode invadir nossa vida e perturbar nossa mente; nossos próprios fantasmas têm, em suas mãos, armas mortais.

Todos me perguntam o que fará agora o diretor Roman Polanski, que tipo de filme conseguirá fazer; e também eu me pergunto. O que pode fazer um homem que encontrou sua inspiração criativa no horror, e de repente vê o horror inundar sua vida real, a mulher assassinada por desconhecidos com o filho no útero, os amigos assassinados no gramado de sua casa, em meio a um contexto e uma série de detalhes que lembram a paisagem de uma de suas histórias? Talvez me perguntem qual relação existe entre o diretor Roman Polanski e o pintor Munch: nenhuma; no entanto, há relação entre angústia e horror e, entre Polanski e Munch, alguma semelhança na busca por inspiração. Não amo todos os filmes de Polanski, mas alguns eu amo muito. Além disso, admiro seu poder de capturar a atenção do público: mesmo em seus piores filmes, mecânicos, frios, triviais, esse poder está presente. Não é pouco, em uma época em que por todo lado reinam monotonia e tédio e desprezo pela atenção do público, que é considerada, por parte de quem escreve romances e faz filmes — e, estranhamente, por parte do próprio público —, totalmente desnecessária. Diante de todos os filmes de Polanski sempre senti que respirava o ar benfazejo, profundo e libertador da atenção. Repetindo, como isso é muito raro de acontecer, estamos quase sempre entediados; e, quando acontece, é justo alegrar-se como ao receber uma boa ação. Assim, gostaria que o diretor Polanski, não obstante a terrível desgraça que lhe ocorreu, fizesse novos filmes. Outro dia o vi atuando com sua mulher em uma comédia sobre vampiros, um de seus filmes bem-sucedidos e felizes. Eu olhava seu rosto pungente, malicioso e cheio de sardas, cara de menino judeu malandro e franzino. Inicialmente, só conseguia pensar nele e em sua mulher na vida real, no destino terrível que ambos tiveram, e estava morta de pena; depois me perdi na história do filme, em meio àquela paisagem de neve cheia de vampiros miseráveis e assustadores. Saindo, pensava em como seria difícil para ele fazer filmes agora, rir novamente do horror, jogar com o horror, explorá-lo, analisá-lo e dele pescar as próprias imagens; pensava em todos os seus filmes, a garota de *Repulsa ao sexo* passeando pela cidade com o cadáver de um coelho na bolsa, o rio imóvel de *A faca na água*, os ovos e o penhasco de *Armadilha do destino*: seus terríveis espectros. O destino parece ter lhe dito que o horror morde a mão de quem o acaricia com demasiada insistência. Pobre Polanski. Torço para que ainda possa fazer filmes e que consiga fazer filmes ainda melhores. Torço para que consiga fazer de seu horror — que ele costumava usar como um frio brinquedo de perícia e astúcia, com extraordinária inteligência — algo que não seja acariciado ou examinado, mas tocado e alcançado às próprias custas, correndo o perigo de enlouquecer, perigo que todos corremos, e os poetas em especial: algo que seja puro, essencial e límpido em seus poucos traços, eterno e destinado a acompanhar para sempre o coração de quem o olha, assim como *O grito* na pintura de Munch.

Setembro, 1969

A crítica

Hoje em dia, qualquer um que escreva, e o que quer que escreva — romance, ensaio, poesia ou teatro —, lamenta a ausência ou a raridade de uma crítica, isto é, a ausência ou raridade de um julgamento claro, inabalável, inexorável e puro. No desejo por esse tipo de julgamento talvez se esconda a memória da força e da severidade que a figura paterna projetava sobre nossa infância. Sofremos a ausência da crítica da mesma forma que sofremos, na vida adulta, a ausência de um pai.

Mas se a estirpe dos críticos está extinta ou quase extinta, é porque foi extinta ou está em extinção a estirpe dos pais. Órfãos há muito tempo, geramos órfãos, pois também fomos incapazes de nos tornarmos pais: e assim seguimos procurando inutilmente em meio a nós aquele de quem temos uma sede profunda — uma inteligência inexorável, clara e altiva, que nos examine com distância e objetividade, que nos observe do alto de uma janela, que não desça para se misturar conosco na poeira de nossos quintais; uma inteligência que pense em nós e não em si mesma, uma inteligência equilibrada, implacável e límpida direcionada a nossas obras, límpida o bastante para nos conhecer e nos revelar aquilo que somos, inexorável para encontrar e definir nossos vícios e erros. Mas para abrigar em meio a nós uma inteligência dessa espécie, seria preciso ter em nosso espírito uma lucidez e uma

A crítica   **95**

pureza de que hoje todos estamos carentes; e entre nós não é possível que exista um ser muito diferente de nós mesmos. Nossa atitude perante os críticos — aqueles de quem esperamos, e de quem não recebemos, a não ser raramente ou quase nunca, uma opinião que nos ilumine sobre nós mesmos, que nos ajude a ser mais verdadeiramente aquilo que somos, e não o contrário —, é quase sempre incivilizada. Dos críticos, costumamos esperar benevolência. Nós a esperamos como algo que nos é devido. Se não a recebemos, nos sentimos mal compreendidos, perseguidos e vítimas de um ódio injusto; e prontamente enxergamos nos outros algum propósito desprezível.

Se um crítico é amigo nosso, ou simplesmente alguém que às vezes encontramos e com quem trocamos algumas palavras, a amizade ou esses encontros casuais nos dão a certeza de que seu julgamento será lisonjeiro; e se não for, se em vez de um julgamento lisonjeiro recebermos uma lição implacável, ou talvez apenas um silêncio prudente, sentimo-nos golpeados por um desconforto estupefato e, em seguida, repentinamente inflamados de um rancor venenoso, como se a amizade ou aqueles raros encontros nos tivessem dado o direito a um eterno favor: porque nosso mau hábito nos faz pedir à amizade, ou mesmo a um simples sorriso cortês, não exatamente a verdade, mas um favorecimento instantâneo.

É claro que o crítico não deveria se importar nem um pouco com o nosso rancor; assim como não deveria se importar nem um pouco com o rancor dos filhos um pai sereno, que tivesse a clara consciência de pensar e fazer o que é certo. Mas hoje os críticos são, assim como os pais, frágeis, nervosos e sensíveis aos rancores alheios; temem perder amigos ou ofender conhecidos; sua vida social é bastante vasta e cheia de ramificações, e ao ofender uma pessoa podem ofender mil outras; assim como os pais, hoje os críticos têm medo do ódio: têm medo de se verem sozinhos dizendo a verdade em meio a uma sociedade hostil. Ou, ao contrário, querem o ódio, aspiram a ele como se fosse um tempero forte e essencial para sua vida de crítico; desejam vestir-se de ódio, como um uniforme rico e reluzente. E a aspiração ao ódio, ostentada como uma vaidade social, assim como o medo do ódio, não podem constituir terreno firme para a busca e para a afirmação da verdade.

Penso que quem escreve nunca deveria sofrer demasiadamente com as críticas negativas ou com o silêncio que recai sobre sua obra. Atribuir importância desmedida e essencial ao êxito de nossa obra revela falta de amor pela própria obra. Se tivermos realmente amado e amarmos nossa obra, sabemos que aquilo que sucede a ela, seu curso e seu destino, a incompreensão que poderá encontrar ou a adesão, têm importância apenas efêmera, assim como para um rio ou uma nuvem contam pouco as cidades e as árvores que encontra em sua passagem.

Na verdade, quem escreve não tem o direito de pedir nada a ninguém em relação a sua obra. Depois de ter solicitado ao editor o pagamento do que lhe é devido, exigência legítima e indispensável, não lhe resta nenhuma outra tarefa prática com relação aos próprios livros. Pode ficar em casa, descansando, pensando em si mesmo. Talvez não seja útil pensar demais nas obras que já concluiu e que seguem seu caminho, com barulho ou em silêncio. Teve o grande prazer de escrevê-las e, no fundo, isso deveria ser para sempre suficiente.

As opiniões dos críticos, não acho que lhe devam ser totalmente indiferentes: pode ser útil compará-las com a opinião que ele próprio guarda, nas profundezas de seu espírito, a respeito de sua obra, e procurar entender quanto de seu próprio julgamento foi ditado por um instintivo perdão

A crítica

97

pelos próprios erros, quanto tem de límpida consciência e quanto tem de delírio e soberba. Todavia, raramente conseguimos ser assim tão sábios. Raramente conseguimos olhar nossa obra com amor verdadeiro. O amor verdadeiro por nossa obra conserva sempre um olho irônico e alegre: assim como em nossa vida toda paixão amorosa é imperfeita se não é iluminada pelo olhar alegre, agudo e penetrante da consciência.

Os julgamentos que recebemos da crítica sobre nossas obras estão frequentemente imbuídos de simpatia ou antipatia, de afeto ou ódio. Às vezes trata-se de simpatia ou antipatia pessoal; às vezes a simpatia ou antipatia estão voltadas não a nós, mas às tendências ou correntes às quais consideram que pertencemos; e uma vez que, na maioria dos casos, não sabemos ou não acreditamos pertencer a nenhuma tendência ou corrente, e nos sentimos isolados ou solitários, tal julgamento nos soa estranho e se torna inutilizável.

A simpatia alheia é sempre muito apreciada e suscita nossa simpatia; desfrutamos de uma sensação profunda de bem-estar por alguns instantes; mas, diluída tal sensação, os questionamentos sobre a qualidade e a natureza de nossas obras reapresentam-se para nós como antes. A antipatia alheia nos desagrada; imediatamente nos tornamos muito antipáticos a nós mesmos, mas ao mesmo tempo tornam-se antipatíssimos aqueles que falaram de nossas obras com desprezo; caímos em um estado de espírito incoerente e confuso, de mau humor, abatimento e revolta; a dúvida se somos nós os vermes, a dúvida se os vermes são nossos juízes malévolos, se contorcem e se emaranham em nós e detestamos igualmente a nós mesmos, à crítica e à vida. Mas tanto em um caso como no outro trata-se de estados de espírito, isto é, de mau humor ou de prazer: no que se refere a nossa obra, no fundo, parece que não descobrimos nada além do que já sabíamos.

Não me pergunte jamais

A crítica pode ser ainda uma decepção quando percebemos em sua estrutura uma nostalgia pungente, a nostalgia ou o desejo da criação poética. Basta sentir de longe o cheiro desse tipo de nostalgia para perder a confiança no julgamento, mesmo quando o julgamento vem adornado de elegância e graça. Em um crítico, elegância e graça são absolutamente inúteis: nós as admiramos, mas não sabemos o que fazer com isso. A elegância e a graça, os refinamentos e as suavidades estilísticas, e uma espécie de melancólica inquietude que sentimos vibrar no fundo de seu pensamento nos fazem reconhecer no crítico um semelhante, e à admiração mistura-se um sentido de insegurança, desconforto e quase asco. Reconhecemos entre ele e nós uma espécie de relação de primos, e não precisamos de um primo ou de um amiguinho para brincar: precisamos de um pai.

Penso no entanto que se não temos um pai é porque, como disse, não o merecemos. Incapazes de identificar e ler nossos próprios erros, de chamá-los duramente pelo nome, sempre dispostos a censurá-los ou ignorá-los, fingindo para nós mesmos que não existem, tolerantes com os vícios e os erros de nossos consanguíneos e amigos — uma tolerância que não é fruto de piedade ou compreensão, mas feita de ócio, indiferença e sobretudo confusão —, costumamos reclamar da ausência da crítica qual crianças que foram postas para dormir no escuro.

Em nossa ânsia e espera por um pai que não virá nos socorrer, simplesmente porque não existe, contemplamos com desejo cada vez mais agudo a imagem de um ser que tivesse vontade de pôr ordem em nossa vida dispersa e confusa; vemos projetada nas paredes sua figura alta e vigilante, sentimos vibrar na escuridão sua voz severa. Mas o ato de enxugar nossas lágrimas e assumirmos nós mesmos o papel do

A crítica **99**

pai, esse ato talvez tão simples nos parece impossível e proibido, e seguimos caminhando à sombra vacilantes e trêmulos.

Outubro, 1969

A conspiração das galinhas

Não sei se alguém da minha geração leu, na infância, os romances de Tommaso Catani publicados pela Salani. Os livros infantis da editora Salani custavam, se não me engano, cinco liras cada volume, eram encadernados com tecido azul e na capa havia o desenho de duas crianças de roupa bordada que, sentadas num banco, liam um livro. Eram catorze os romances de Tommaso Catani; e os desenhos e ilustrações eram do pintor Carlo Chiostri. Era possível ler os romances isoladamente, mas eles constituíam um ciclo único. Compunham-se de histórias de gatos, cães, patos, galinhas e raposas que vagavam entre a cidade e o campo. Todos esses animais podiam falar, mas seu mundo era essencialmente realista; havia entre eles, contudo, um burro de asas montado por uma fada. As várias histórias se ramificavam e se cruzavam, as várias personagens se encontravam e se embaralhavam em um entrecho complicado e desordenado; e uma trama assim intrincada e movimentada me agradava imensamente.

Na folha de rosto eles vinham definidos como «romances humorísticos»; na verdade acontecia de tudo, inclusive lances dramáticos e dilacerantes. O primeiro da série era *Greve no galinheiro*; em seguida, *A conspiração das galinhas*; não consegui adquirir nem ler a coleção completa, tive a tristeza de não conhecer alguns daqueles volumes elencados no final dos livros, como *Vandolino* ou *O girassol azul*: já naquela época não os encontrávamos mais. O último volume era *A formiga preta*; não lembro que raios acontecia, mas devia ser algo assustador ou tristíssimo, pois as palavras «formiga preta» ainda hoje me provocam uma vibração dolorosa. Se não me engano, o autor não teve o cuidado de dar um final feliz à longa epopeia galinhesca e doméstica, escrita em prosa toscana e ambientada entre Livorno e Florença.

Guardei durante anos esses volumes em minhas estantes; e visto que os confins entre infância e adolescência muitas vezes se confundem, eu os relia e amava ao mesmo tempo que lia e amava os romances de Annie Vivanti e de D'Annunzio, que li precocemente. Logo me esqueci deles e não sei onde foram parar; tempos depois, quando os procurei nas livrarias para presentear meus filhos, soube que tinham saído de circulação e ninguém se lembrava deles; e o pensamento de que pudessem ter ido para a maceração me causou melancolia. Recentemente, em uma banquinha de livros usados, encontrei *A conspiração das galinhas* e o trouxe para casa.

Os livros das coleções infantis atuais apresentam uma estranha e nervosa mistura de desleixo e zelo, tanto no conteúdo como nas imagens. Percebe-se que o editor, o ilustrador e o autor perseguem uma ideia fixa: chamar a atenção, ganhar dinheiro, fazer fortuna. Em sua capa de tecido azul, nas imagens caprichadas, mas sem alarde, e em cada uma de suas páginas, este velho volume respira total indiferença ao dinheiro e à fortuna. Ele emana uma profunda calmaria e uma profunda honestidade.

Não sei quem foi Tommaso Catani. Como escreveu catorze livros, deve ter dedicado um bom tempo de sua vida inventando esses seus romances para crianças. Não se tornou, porém, um clássico infantil; foi rapidamente esquecido. Acho difícil dizer se não mereceu o título devido a seus defeitos ou se o destino foi injusto com ele, uma vez que o que me liga a ele é a memória afetiva, essa espécie singular de afeto que nos liga a criaturas e paisagens de nossa infância. Folheando hoje *A conspiração das galinhas*, tenho a impressão de ser uma prosa clara e rasa, que talvez tivesse tido maior sucesso se fosse mais enxuta e concisa. Mas esse é o único julgamento que posso arriscar. Eu era com certeza uma pessoa dotada de grande fantasia, o que provavelmente não era nada excepcional àquela época. Uma fantasia que hoje desapareceu dos livros infantis e desapareceu do mundo. Na verdade, hoje ninguém passaria tanto tempo da vida escrevendo para crianças. Hoje os romances para crianças, nos raríssimos casos bem-sucedidos, são obras de escritores para adultos que dedicaram às crianças uma preciosa parte de seu tempo; e fica perceptível certa parcimônia, como se o escritor procurasse oferecer somente uma pequena, estudada e temerosa porção de si. Em outros casos, são obras de escritores frustrados e infelizes, que sonhavam escrever para adultos e não foram capazes. Ao escrever para crianças, extravasam sua veia lírica e surreal; são livros que parecem destinados a crianças, mas na verdade são secretamente destinados a adultos, e neles sentimos o cheiro forte da vocação perdida, conservada com cânfora e naftalina, ou então fermentada e azedada na poeira de um sótão. Aqueles que se propõem seriamente se dedicar às crianças, ou escolhem uma linguagem esquemática e racional, ou despejam sua efusão de mel e açúcar, falando com crianças como se falassem com uma multidão de pequenos engenheiros, ou fazendo caretas como a uma multidão de pequenos macacos. O mundo que transparece é sempre totalmente deserto de fantasia. Ele, Tommaso Catani, talvez não tivesse um grande dom, mas tinha o dom da fantasia generosa, e sentimos que tinha também o pensamento voltado a crianças reais. Como disse,

A conspiração das galinhas

fantasiar assim não era nada extraordinário ou excepcional àquela época: a fantasia era algo que corria pelas ruas, custava pouco e podíamos comer todo dia, como polenta ou pão. Ele, Tommaso Catani, não tinha nem intenções pedagógicas, nem transbordava mel; não conhecia a parcimônia, e claramente não conhecia as inquietações de uma vocação humilhada: escrevia com alegria e desorganização, e com uma livre indiferença, suas histórias consideradas engraçadas mas quase sempre dilacerantes. Nunca era cruel; era dilacerante. Não era cruel porque em seu mundo sentíamos circular uma atmosfera clara, aberta e campestre, um cheiro de polenta quente e de pão recém-saído do forno. Mas seus gatos e suas galinhas enlouqueciam a cada página, bebiam veneno, ficavam mancos ou cegos, despencavam dos rochedos. A fantasia não recua diante de nada, não trava diante da ideia da morte. Além disso, ainda não havia surgido no mundo a ideia de que era necessário prudência ao escrever para crianças. Não entristecê-las, não lhes causar dores inúteis. Essa ideia é razoável, é claro. Nós, quando crianças, versamos rios de lágrimas sobre os livros, nos encharcamos de tristezas. Os heróis de nossa infância eram perseguidos, espezinhados, vítimas de um destino atroz, de madrastas perversas. Porém, eram heróis. Nos livros destinados à infância hoje não há heróis. Há os fortes, os triunfantes, os imbatíveis, mas os heróis, aqueles que suportavam as desventuras derrubando lágrimas, mas sem se dobrar, não existem mais. Dirão que não servem para nada, que hoje a infância pode prescindir deles, que hoje é possível até ir à Lua, e que nem fantasia nem heróis são necessários nos livros infantis. Mas a verdade é que com os heróis que encontrávamos nos livros estabelecíamos uma relação singular, fantasiosa e solitária, o hábito de, na solidão, pensar e amar as lágrimas e a coragem. Esse tipo de relação desapareceu, e seu espaço ficou vazio.

Não me pergunte jamais

Dei *A conspiração das galinhas* para uma sobrinha pequena. Ela leu metade avidamente e de repente largou. «Triste demais», ela disse. Parou na parte em que um gatinho morre, sua mãe enlouquece de dor e abandona a casa e os outros gatinhos partem sozinhos mundo afora. Nós, aos prantos, teríamos continuado a ler; nada nos teria tirado o desejo de saber o que viria a seguir. Ela não chorou, mas fechou o livro. Com as crianças de hoje, a tristeza não dá sorte. Elas são atraídas pela crueldade, mas fogem da tristeza. Não estão habituadas a ela. Sempre foram protegidas dela. Fogem da tristeza sobretudo porque lhes parece absurda e insensata, brotando e escorrendo nas águas da simples fantasia. De fato, não tinha por que fazer aquele gatinho morrer. Mas ele, Tommaso Catani, dava às crianças o que tinha, e ele só tinha fantasia a oferecer. Nós, hoje, em relação às crianças, descobrimos a atenção, a responsabilidade, o risco, o medo das consequências; e pagamos por tudo isso com a morte da fantasia. Refletimos sobre o que não devemos fazer com as crianças; porém, ainda não descobrimos o que devemos dar a elas, como devemos nos relacionar, que palavras devemos usar; e não temos nada a oferecer além de nossos mundos desertos.

Outubro, 1969

Viajantes desajeitados

Existem pessoas que sabem viajar, e outras que não sabem. Existem pessoas para as quais uma viagem mínima, ou a perspectiva de uma viagem, significa apreensão e esforço; um feito extenuante. Para outros, é simples como assoar o nariz. Não é verdade que as pessoas que não sabem viajar nunca encontram um mínimo de prazer em suas viagens. Mas esse prazer está tão encoberto por uma camada densa de neblina que ele não consegue vir à tona; mais tarde, traços dele serão recuperados pela memória. É um prazer que não nasce ao conhecer ou depois de ter conhecido lugares novos; esses animais sedentários, esses viajantes desajeitados não sentem uma curiosidade real e tranquila por lugares novos. Nos lugares novos, eles procuram unicamente a possibilidade de habitá-los como se fossem eternos, de transformar o lugar de uma viagem em morada perene. Para eles, o prazer de viajar está simplesmente na sensação amarga e vertiginosa de pensar a própria existência localizada em um ponto diferente do costumeiro.

É difícil enumerar as apreensões das pessoas que não sabem viajar, apreensões que as mantêm por dias em estado de alarme e que desabam sobre elas no momento da partida. Para começar, essas pessoas têm medo de perder o trem ou o avião, medo que consideram estranho, pois entra em total contradição com seu desejo mais profundo, que é o de ficar em casa. Além disso, têm medo de entrar no trem ou no avião errado e ir parar não se sabe onde; de ter esquecido em casa alguma coisa essencial; de ter levado roupas erradas e de ter feito mal a mala; de ter fechado a mala à chave e de ter perdido a chave; ou, enfim, têm medo de que as malas sejam extraviadas; e, lembrando do conteúdo das malas, surpreendem-se com o medo que têm de perdê-las, pois seu conteúdo lhes parece equivalente a uma pilha de erros deplorável.

Elas se dão conta, num lampejo de lucidez, de que cada um de seus medos nada mais é do que um adensamento de nuvens em um céu deserto de pensamentos. Na verdade, perderam subitamente a faculdade de pensar. Não lembram o motivo que as levou a viajar, mas também não se perguntam por que estão viajando, pois nesse momento são incapazes de dirigir questionamentos sensatos a si mesmas, falar consigo mesmas na língua humana. Não encontram nada em seu espírito, a não ser uma profusão de palavras caóticas; frases publicitárias e refrãos de canções ecoam insistentemente no silêncio de seu pensamento, volteiam e dão saltos zombeteiros em sua mente vazia.

Ao chegar à cidade estrangeira, os viajantes desajeitados se refugiam em um hotel; refugiam-se, pois o hotel representa para eles não apenas um ponto a partir do qual sair e visitar a cidade, mas um refúgio onde se ocultar e se resguardar, como ratos ou gatos que se escondem embaixo do sofá. Para eles, o quarto de hotel não é simplesmente um quarto de hotel, provisório e sem interesse, mas uma morada de verdade, ao mesmo tempo reconfortante e inimiga, protetora e repugnante. É como o útero de uma madrasta, onde não encontram nenhum afeto, mas onde mesmo assim procuram o único calor que a vida lhes pode oferecer. Ali passam longas horas, sem conseguir sair. Olham com atração e horror, como à beira de um abismo, para os pátios do hotel, lúgubres e úmidos feito poços, onde serpenteiam escadas de ferro pretas e calhas pretas. Sabem muito bem que para além daqueles pátios está a cidade, bela, cheia de ruelas, árvores, museus e teatros, a cidade que outros, no lugar deles, correriam para visitar sem perder um só instante. Eles sabem; no entanto, não conseguem escapar da lúgubre contemplação daquelas calhas. Aos poucos, vão lembrando que aquela viagem era para ser uma viagem de lazer.

Se têm sede, bebem a água morna da torneira para não incomodar o hotel com um pedido de água mineral ou gelo, que talvez estivessem em falta, o que deixaria os funcionários mortificados. Os viajantes desajeitados não conseguem pensar no hotel como um lugar diferente de uma casa. Não conseguem imaginá-lo como um mundo mecânico e impessoal. Para eles é muito difícil lembrar que, para estar ali, precisam pagar. No momento em que a lembrança vem, torna-se fonte de apreensão, pois eles nunca sabem se levaram dinheiro suficiente.

Além do mais, quando estão no exterior, os viajantes desajeitados têm a sensação de que lhes será impossível usar aquela moeda desconhecida; não lhes parece dinheiro de verdade. Da mesma forma, os jornais no exterior não parecem de verdade; por um bom tempo, deitados na cama, passam os olhos naqueles jornais que não são de verdade; e às vezes, no caderno de espetáculos, descobrem filmes ou peças que desejavam assistir havia anos; mas ali, naquela cidade desconhecida, não sabem se ainda sentem tal desejo: tornaram-se imóveis e vítreas a sua curiosidade, sua vontade de conhecer e sua inteligência.

Viajantes desajeitados

Aquilo que os leva a sair do hotel não é o desejo de conhecer, mas a ideia de que o pessoal do hotel poderá achar estranho eles não saírem nunca do quarto. Pedem proteção ao porteiro, com quem trocam sorrisos. Pedem informações sobre ruas, chegam a pedir um mapa topográfico; não porque esperam conseguir se orientar — esses animais sedentários são desprovidos de qualquer sentido de orientação, e os mapas não lhes dizem nada —, mas porque querem parecer, aos olhos do porteiro que manuseia telefones e pendura fileiras de chaves perto de si, turistas de verdade que vieram visitar a cidade.

Dando voltas pelas ruas, esfarelando entre os dedos o mapinha que nem sonham consultar, eles não observam nada com atenção, mas subitamente têm vontade de comprar todos os objetos expostos nas vitrines; sentem que tais objetos são a única coisa que os deixará mais à vontade naquela cidade. Imaginam decorar uma casa com as porcelanas antigas e os enormes relógios de pêndulo que veem expostos nas lojas de antiguidades, uma casa que viram e escolheram ao passar por uma ruazinha; em pensamento, compram montes de cobertas, geladeiras, cozinhas inteiras; em pensamento, vestem xales, peles e gorros; sua própria cidade lhes parece, na memória, deserta, uma província remota desprovida de vestimentas quentes e cobertas de pura lã.

Sentindo uma inveja aguda de todos aqueles que caminham com passos resolutos, sem dúvida em direção a um destino preciso, e sentindo que sua condição de ócio é humilhante, esses viajantes repentinamente enxergam a cidade de origem como um lugar inabitável, dado que há tanta gente que não mora lá, mas vive com determinação e maestria nesta cidade desconhecida.

Lentíssimos em suas reflexões, esses animais sedentários vão em busca de hábitos e não de impressões. As impressões, eles vão tê-las quando não imaginarão mais serem convidados a tê-las; quando o véu dos hábitos tiver sido estendido sobre os lugares. Talvez nascidos para serem emigrantes ou refugiados, esses viajantes desajeitados não conseguem se transformar em turistas. E o esquisito é que, por não terem desejado viajar, agora também não desejam voltar para casa: aflora neles a suspeita de que, durante sua ausência, em seus lugares de costume tenha surgido alguma coisa estranha e hostil.

Por fim, entram numa loja e compram um porta-ovos empoeirado; arrependem-se imediatamente, pensando que as tabacarias de qualquer povoado ou vilarejo remoto de seu país estão cheias de porta-ovos empoeirados.

Novembro, 1969

A grande senhorinha

Aquela que Alberto Arbasino costuma chamar de «a grande senhorinha», isto é, a romancista inglesa Ivy Compton-Burnett, morreu em Londres em agosto passado. Eu soube há alguns dias pelo próprio Arbasino. Dizer «sinto muito pela sua morte» talvez soe bobo; a escritora tinha, eu acho, quase noventa anos; estava só, e sua vida devia ser como a de um fóssil. No entanto, a notícia de sua morte me entristeceu. Pois com ela cessou a escrita de seus romances áridos e geniais. E eu, que nunca a vi, nunca a verei. Queria tanto conhecê-la; e sempre invejei Arbasino, pois ele a conhecera e até havia ido visitá-la em sua casa em Londres, duas ou três vezes.

O pouco que sei dela, sei por Arbasino. Mas eu a havia imaginado exatamente como ele a pintou. Velhíssima; pequeníssima; os joelhos cobertos com um xalezinho; cabelos arrumados e ajeitados «como uma peruca» sobre a testa enrugada e sardenta; mãos encarquilhadas, geladas e enrijecidas pela artrose; e ao lado, em cima de um banquinho, uma cesta de onde tirava folhas de salada, que roía «como uma tartaruguinha» na hora do chá. Assim a via Arbasino; assim ela devia ser havia muitos anos; e talvez sempre tenha sido assim. Alguma coisa entre passarinho, rato e tartaruga.

Nunca teve homens nem filhos. Das poucas notas biográficas na orelha de seus livros, entende-se que morou primeiro com um irmão, depois com uma amiga; falecidos estes dois, ficou só. A vida de uma velha senhorinha inglesa é fácil de imaginar: o chá, as toalhinhas de centro bordadas, o carvão, a correspondência enfiada por debaixo da porta, a roupa lavada na lavanderia uma vez por semana, a *laundry* ou a *launderette*: uma solidão ordenada, disciplinada, uma vida educada e pobre. Ela, porém, escrevia aqueles seus romances. Disse sobre si mesma: «Comecei a escrever como queria e fui sentindo que aquele era meu estilo, e então achei que não era o caso de mudar».

São muitos os seus romances, e são bastante semelhantes entre si, de modo que é difícil isolar e se lembrar de apenas um deles: mecanismos minuciosos e complicados, todos juntos compõem uma construção tortuosa e imensa. Ela era como um engenheiro lúcido e industrioso.

Na infância, morou no campo, certamente em uma das casas que encontramos em seus romances, cheias de crianças, cães, gatos e criados; espaçosas, desconfortáveis, antigas, mal aquecidas pelo fogo mísero e imersas em uma região crural verdejante e chuvosa. Em seus romances, casas onde amores incestuosos são secretamente consumados, bebês são assassinados e testamentos são queimados; todavia, jamais um grito rompe a quietude, jamais uma gota de sangue aparece nas paredes. A paisagem é a região rural inglesa, povoada, apesar de recolhida e solitária, doméstica e desolada, selvagem, vastíssima e solene. Natureza e lugares são, em seus romances, invisíveis, pois ela não gasta nem uma sílaba descrevendo-os; invisíveis, mas os sentimos ao nosso redor como se ela os tivesse pintado em uma tela.

Raramente se demora nas características de suas personagens, que são descritas rapidamente com duas breves indicações. Se Compton-Burnett não se dedica a descrever rostos e lugares, não é por pressa ou impaciência: é muito mais por uma desdenhosa parcimônia, uma rejeição refinada às coisas supérfluas. O ritmo de sua escrita não é nem lento, nem rápido: é o ritmo igual, exato e inevitável de quem sabe para onde deve ir. Sua paciência é persistente e infernal. Descobri seus romances cerca de dez anos atrás, numa época em que morei na Inglaterra. Tropecei neles por acaso. Lendo o primeiro, tive a desagradável sensação de ter caído numa armadilha. Senti-me pregada no chão. Fui atrás de todos. Conheço pouco o inglês; lia seus romances com muito esforço e me perguntava por que raios eu lia com tanta obstinação e esforço uma escritora que eu talvez execrasse. De início, lendo seus romances, sentia como se estivesse adentrando uma paisagem de névoa. Não entendia bem se a névoa era fruto de minha má compreensão do inglês ou se uma névoa verdadeira, pensada pela escritora, velava aqueles lugares invernais. São romances feitos quase que exclusivamente de diálogos; eu ouvia as frases daqueles diálogos vibrando e quicando de um lado para o outro na névoa, precisas e secas como bolinhas de pingue-pongue. Na época, fazia muito tempo que eu não escrevia; e de repente senti reanimar-se em mim uma coisa que havia tempos estava sem vida; aqueles sons exatos e secos súbita e peremptoriamente me levaram de volta a um caminho perdido.

E no entanto eu não parava de repetir a mim mesma que não gostava daqueles romances, que talvez os execrasse, que me evocavam coisas remotas e estranhas a mim: uma partida de pingue-pongue, uma partida de xadrez, um teorema de geometria. Mas de repente entendi que os amava com fúria, que me davam alegria e consolo, que eu podia bebê-los como se fossem água de uma fonte. Mas neles não havia água nem ar. Não havia nenhum tipo de névoa: a névoa resultara de uma impressão falsa; neles, ao contrário, reinava uma clareza alucinante, nua e inexorável; e nessa inexorável clareza,

A grande senhorinha **115**

seres impenetráveis sentavam-se pregados em seus atrozes interrogatórios, trocando palavras que pareciam picadas de serpente. Porém jamais deixavam cair lágrimas, sangue ou suor, nem mesmo empalideciam, talvez porque já fossem muito pálidos; as feridas lhes provocavam uma dor lancinante mas surda, que no fim era engolida em meio a novas picadas de serpente. Não havia, desse jeito, nenhum tipo de felicidade possível; entre aqueles seres, a felicidade não existia nem mesmo como um domínio perdido; a felicidade se configurava apenas como um sombrio triunfo do dinheiro e do orgulho.

Não conseguia ver onde estava a poesia naqueles romances, mas sentia que deveria estar lá, pois neles era possível, sem ar ou água, respirar e beber, pois habitando-os era possível sentir uma felicidade profunda, reconfortante e libertadora; e então entendi que a presença da poesia era como a presença da natureza: totalmente invisível, totalmente involuntária, não ofertada ou destinada a ninguém, a poesia estava lá assim como o imenso e fosco céu que se abria por trás daqueles seres malignos e desertos. Assim, um mecanismo industrioso tinha se transformado, milagrosamente, em uma coisa na qual o primeiro passante podia reconhecer seu destino e seu rosto.

Como eu passava dias inteiros lendo aqueles romances quando eu estava em Londres, *Mãe e filho, Irmãos e irmãs, Velhos e melhores, Um deus e seus dons,* sempre esperava encontrar Ivy Compton-Burnett ao sair à rua. Tinham me dito que ela morava no mesmo bairro que eu. E então eu observava os passos das velhinhas que iam e vinham daquelas ruelas. Um dia fui a um café da manhã ao qual me disseram que ela também havia sido convidada. Não apareceu; além do mais, meus anfitriões disseram que ela só falava de assuntos fúteis, não tinha uma conversa interessante. A mim não

Não me pergunte jamais

me importava nem um pouco sua conversa. Queria tê-la visto; e queria ter-lhe falado de alguma forma, com meu inglês grosseiro e pobre, do imenso significado que seus livros tinham para mim.

Claro, ela me acharia ridícula: para ela, uma pessoa como eu devia parecer ridícula, supérflua, sentimental; palavras como gratidão ou amor por seus livros pareceriam supérfluas, ela devia ser totalmente indiferente a si mesma, como uma tartaruga ou um engenheiro: e era aí que estava a sua grandeza. Mas eu queria, por um segundo, ter existido em seu campo de visão. Quanto ao fato de sua conversa ser, como diziam, fútil, não me surpreendia. Ela certamente não desperdiçava a voz falando com os outros na sala de estar; na presença dos outros, fazia uso de uma voz destinada aos outros, um sussurro fútil e rabugento, assim como pagava o jornal com alguns trocados, contando-os com sua luva desgastada. Talvez empregasse sua verdadeira voz, alta, violenta e trágica, unicamente nas trevas de seu espírito.

Dezembro, 1969

Às margens do Tigré

Pouquíssimas coisas me deixam animada neste início de ano: uma delas é saber que Paolo Poli está cantando e atuando em um teatro da cidade. Já fui vê-lo duas vezes e poderia voltar muitas outras; dias tumultuados e confusos, totalmente sem sentido, podem chegar ao fim com algumas horas naquele teatro; e mesmo que eu não vá, fico feliz que todas as noites possa tornar-se realidade, não muito longe da minha casa, o milagre da diversão.

Se fosse descrever Paolo Poli a alguém que nunca o tivesse visto, diria que tem um aspecto jovem e delicado; ignoro sua idade, mas de todo modo tenho a impressão de que ele sempre será um rapaz delicado; que fala um toscano puro; que seus espetáculos são, em geral, paródias de romances ou de comédias do Oitocentos, ou da primeira metade do Novecentos, intercaladas de canções; que quando canta ergue seus braços longos e sem amarras e suas mãos finas e suaves, parecendo uma bela garota, ou um cisne, ou uma flor de haste muito longa; que provoca alegria com graça, em um tempo em que o humor só é capaz de nascer de notas estridentes e detestáveis, de expressões e gestos desfigurados e repugnantes. Ele é engraçado sendo ele próprio, conservando seus traços limpos e amáveis. Não há nada de afetado ou artificial em sua graça: ele não apresenta nenhum traço de vaidade e nenhuma timidez perante a realidade.

Sua graça parece responder a uma harmonia íntima, parece libertar-se de uma inteligência íntima e extremamente lúcida. Dentre suas múltiplas faces ocultas, há principalmente a de um suave, bem-educado e diabólico gênio do mal: é um lobo em pele de cordeiro, e em suas farsas ele parodia tanto os cordeiros como os lobos, a crueldade hedionda e a inocência casta e sábia.

Em seus espetáculos, costuma estar rodeado de rapazes vestidos de mulher e de mulheres vestidas de homem; são poucos atores, e ele os trasveste de um jeito ou de outro conforme as exigências da história. Seus atores têm a voz áspera ou estrídula, usam trajes mal costurados e rapidamente vestidos como nas apresentações escolares; temos a impressão de que o figurino mal cobre outras roupas, como blusões ou meias de lã; na verdade, os blusões talvez nem estejam ali, mas pensamos neles e rimos como se estivessem.

Seus atores são evidentemente muito bons, porque não queremos que mudem nem uma unha; e no entanto suas vozes estrídulas ou em falsete têm a entonação exata de quem está atuando pela primeira vez. Quanto a ele, suas fantasias (de cigana, ou de freira, ou de padre, ou de diabo, ou de aviador, ou de senhora) são sempre maravilhosas; ele tem o dom de mudar de roupa como um raio e, quando aparece com um novo figurino, corre pelo teatro um arrepio de alegria e emoção, explodem aplausos, e sua figura alta e esvoaçante circula pelo palco e pela sala com seus leques, túnicas ou plumas.

Dentre seus espetáculos bem-sucedidos e felizes, devemos lembrar de *A inimiga*, de Nicodemi; o atual espetáculo, que é uma série de romances de Carolina Invernizio, e *A vida de Santa Rita de Cássia*, que era estupendo e que foi proibido por ser blasfemo; na verdade, não sei como puderam defini-lo como blasfemo; é uma grande pena que não seja reapresentado, eu daria tudo para vê-lo de novo. Mas assisti a alguns de seus espetáculos não tão bem-sucedidos; não que fossem bobos ou frios, mas neles havia algo desamarrado e fragmentário; fiquei chateada por ele, não por mim, porque me diverti do mesmo jeito, praticamente sem a menor decepção; um momento de suprema beleza sempre houve; e para um espectador fiel de Paolo Poli, como eu, não importa muito o êxito do espetáculo, bastam alguns segundos de sua presença em cena, basta um segundo de uma de suas canções; para ouvi-lo cantar «Sulle sponde del Tigrai» [Às margens do Tigré],[10] acho que viajaria quilômetros.

Sempre fico feliz quando seus espetáculos são bem recebidos, assim como fico feliz com o êxito de um amigo ou de um parente; na verdade, sou apenas uma espectadora, só o conheço pessoalmente por ter ido cumprimentá-lo algumas vezes em seu camarim. Como pessoa, pelo pouco que sei, é extremamente civilizado, gentil e humilde; sabemos o que o sucesso pode fazer com as pessoas, como pode mudá-las e vulgarizá-las; mas acho que o sucesso passa por ele sem tocar num único fio de seu cabelo.

Além disso, seu êxito entre as pessoas é um êxito de qualidade particular, é algo que parece florescer a cada noite do nada e por acaso, sem nada a ver nem com o esnobismo, a publicidade ou a moda. Embora ele faça muito sucesso entre as pessoas, embora seu teatro fique lotado todas as noites, ainda não acho que ele tenha entrado na moda; e espero que uma coisa tóxica, abominável e perigosa como a moda não consiga explorar sua figura. Além do mais, talvez cada pessoa tenha o êxito que seu espírito pede; e quando ela é corrompida e vulgarizada pelo sucesso, é porque os germes

---

10   A escritora cita erroneamente a canção «Carovane del Tigrai» [Caravanas do Tigré]. [N. E.]

Às margens do Tigré

da vulgaridade já preexistiam e podiam ser encontrados em seu espírito mesmo quando era uma pessoa só e obscura.

Pensando bem, o segredo do fascínio de Paolo Poli está exatamente no jeito nobre, civilizado e inteligente com que toca, examina e exprime a vulgaridade mantendo-se totalmente imune a ela. Uma vez que não tem nem sombra de vulgaridade, ele joga luz nas vulgaridades e nos lugares-comuns que com total desprendimento recolhe do passado, compondo não uma caricatura deformada e grotesca, mas um desenho penetrante e límpido. Outros antes dele já haviam feito paródias do Oitocentos e dos primeiros anos do Novecentos. Sobre lugares-comuns e trivialidades do passado havia uma coleção de paródias e farsas que se tornaram novos lugares-comuns e trivialidades. Paolo Poli tirou de seu caminho todas as farsas antigas; ele nos devolveu um mundo fantástico que aos nossos olhos tem o encanto das coisas ainda vivas e redescobertas. Nossa alegria nasce do encantamento, da grande felicidade de poder aceder a idades remotas com mãos e olhares totalmente novos.

Em seu espetáculo atual, em meio a danças ciganas, recém-nascidos paridos no porão, esposas traídas ou sepultadas vivas, ele de repente começa a cantar «Giovinezza» [Mocidade]. Canta essa canção como era, antes que se tornasse o hino dos camisas negras; restitui totalmente a singeleza que tinha em sua origem. É um momento maravilhoso. Essa «*giovinezza*» cujo destino ninguém pode esquecer e que surge de repente sobre uma fantasia oitocentista, misturando as memórias e as idades, tem o poder de devolver diante de nós não apenas a nossa infância, mas o mundo, as memórias e as ilusões da geração que nos antecedeu, isto é, a época de nossos pais.

Não me pergunte jamais

Nenhum tipo de lamento crepuscular é projetado sobre tais ilusões e memórias, nas quais é cravado um juízo inexorável; melodias flóreas e corpos inocentes e suaves escondem futuras ações sanguinárias, o lobo se esconde atrás dos cachinhos brancos do cordeiro. E somente ele pode cantar «Giovinezza» no teatro sem que ressurja a imagem de Mussolini ou a já velha e vulgarizada ironia que se criou com tal imagem. Somente ele pode fazê-lo, sendo ele o exato contrário do fascismo, pois é tudo o que o fascismo quis banir da terra. Ou melhor, todos pensam em Mussolini quando ele canta «Giovinezza», mas para medir e julgar as distâncias que nos separam seja da época em que Mussolini vivia e atuava, seja da época em que o achincalhamos. E no fundo fica claro que a única coisa realmente importante para Paolo Poli em suas paródias é esta: descobrir na estranheza, na aparente inocência e no candor das idades perdidas, os venenos e os horrores das misérias futuras.

Janeiro, 1970

Às margens do Tigré

Coração

Há alguns dias soube que morreu em Turim a viúva de Ugo, filho de De Amicis, falecido em 1963. Esse Ugo devia ser o menino «Enrico», herói do livro *Coração*. Nos jornais saiu uma foto dele com a mulher. Os fantasmas de nossa infância são indestrutíveis e não sabem envelhecer; assim, levei um susto ao me dar conta de que «Enrico» havia tido uma profissão, uma mulher e a certa altura um rosto enrugado e cabelos brancos. Quando era pequena, imaginava-o com um avental, uma cestinha para a merenda e cachos; e com esses cachos e essa cestinha eu o via seguir seu caminho para todo o sempre. Depois descobri, com espanto, que o livro *Coração* havia sido publicado em 1886, ou seja, quando o lia ainda garota, o livro e o famoso «Enrico» já tinham quarenta anos.

Quando o lia na infância, não me parecia um livro que pertencesse a outra época. O mundo do livro era semelhante, em seus traços essenciais, não ao mundo em que eu vivia, mas ao mundo que habitualmente encontrava nos livros de literatura; era evidentemente o mundo considerado ideal para ser administrado na infância. Porém, comparando *Coração* com nossa época, parece-me um livro antiquíssimo: deslocado a uma era distante, ele não faz nada além de ilustrar coisas que não existem mais, um mundo transformado em cinzas.

Por toda a vida, continuamos afetivamente fiéis aos livros que amamos na infância. Eu amava *Coração*. Mas, folheando-o hoje, descubro que o amava pelos muitos vícios que tem e que eu também tinha então. Deixando de lado o afeto, hoje julgo que *Coração* não é de modo algum um bom livro. É hábil e falso. Revela muitíssima astúcia e ilustra com eficácia retórica um mundo que na verdade, em sua essência, nunca existiu fora dos livros. Suas personagens não têm vida nenhuma; bem-definidas no início, percorrem seu caminho até o fim e executam os gestos que esperávamos desde o princípio. Garrone é sempre justo e generoso; Franti é sempre pérfido; o pedreirinho sempre faz aquela cara de coelho. É verdade que alguns se emendam; o pai de Precossi, ferreiro que vivia «bêbado» e espancava o filho, se arrepende e deixa de beber, comovido por seu filho ter ganhado uma medalha. No entanto, transformações como essa são de alguma forma previsíveis: a virtude vence o mal, o coração triunfa, a escola compreendida como fábrica de bons sentimentos irradia um fogo benéfico, instrui para o bem.

Quem por sorte nunca se emenda é o pérfido Franti; digo «por sorte» porque me lembro de, quando pequena, temer que ele se tornasse bom; sua maldade me fascinava, e por intermédio dele eu entrevia pecados que não podia imaginar, mas que achava ainda mais sinistros e sombrios do que aqueles que eram enumerados.

Na verdade, seus pecados nunca me pareceram terríveis o bastante. Eis o que ele fazia: «Não teme nada, ri na cara do professor, rouba sempre que pode, leva tachinhas à escola para atormentar os colegas, arranca botões de seu casaco, arranca botões do casaco dos outros e os joga longe, e sua pasta, seus cadernos, livros, estão sempre amarrotados, rasgados, sujos, a régua, cheia de mordidas, o lápis, mordiscado, as roupas, cheias de manchas e rasgos por causa das brigas».

Talvez por não conseguir representar sua maldade em tons suficientemente carregados, em dado momento o escritor nos leva até sua mãe: «Afobada, cabelos grisalhos desgrenhados, toda molhada de neve [...] recolhendo o xale que já tocava o chão, pálida, encurvada, com a cabeça tremendo, a ouvimos tossindo ao descer as escadas [...] O diretor olhou firme para Franti em meio à classe silenciosa e disse-lhe, num tom assustador: 'Franti, você está matando a sua mãe'».

Depois de ter arrancado botões e usado tachinhas e arroz enquanto os outros choravam, certo dia Franti desfaz as tranças de uma das irmãs de Stardi, engalfinha-se com Stardi, e alguém vê uma faca em suas mãos, por isso ele acaba na «prisão perpétua»: imagino que fosse uma espécie de reformatório. De todo modo, ele desaparece de cena para sempre, o que me desagradou muitíssimo, porque eu sentia muito prazer contemplando sua figura malvada.

«Franti, você está matando a sua mãe» e «Só uma pessoa poderia rir enquanto Derossi falava do funeral do rei, e Franti riu» são frases que me deliciavam na infância; assim como «Não sou digno de beijar as suas mãos», palavras escritas por Enrico em resposta a uma carta da irmã, que, triste por uma de suas indelicadezas, relembra-o das horas passadas ao lado de seu berço quando ele era pequeno, «ao invés de ir me divertir com as amigas». Eu costumava quase sempre pular as cartas, pois as achava chatíssimas; no entanto, colhia algumas de suas frases, que lia sozinha em voz alta com emoção insaciável. Não conseguia entender como podiam escrever tantas cartas naquela família, toda noite, mesmo todos morando sob o mesmo teto; mas me parecia algo muito sedutor, e por isso lamentava que em casa não tivéssemos aquele hábito.

Na verdade, o que me fascinava em *Coração* era encontrar um mundo mais organizado e, no fundo, mais tranquilizador para mim do que o mundo em que eu vivia. Eu não sabia, na

Coração **127**

época, que o mundo de *Coração* era falso, livresco e inexistente na realidade; as crianças quase sempre são atraídas pelo falso, quase sempre preferem o esplendor da seda artificial, o brilho das pérolas falsas às perolas ou à seda verdadeira. E eu, quando menina, era retórica, conformista e tinha ideais pequeno-burgueses.

Encontrava no *Coração* tudo o que faltava em minha existência. Queria ter tido um pai sábio e sereno; o meu gritava, batia portas, suas normas de educação eram gritos e estrondos de trovão. Queria ter tido uma mãe que à noite costurasse sob o abajur. A minha não costurava, ou, para o meu gosto, costurava pouco. Queria ter ouvido falar da pátria. Na minha casa nunca era mencionada. Queria que falassem do rei. Eles costumavam chamá-lo de imbecil. Não me mandavam para a escola; faziam-me estudar em casa, com medo das bactérias. Queria que nos dias de feriado nacional tivessem posto a bandeira na varanda. Nós não tínhamos a bandeira. Não me levavam aos desfiles militares, às procissões, sempre com medo das bactérias. Queria que tivessem me ensinado a venerar a minha avó. Em casa bufavam ao falar da minha avó, até porque, para dizer a verdade, ela era insuportável.

O mundo de *Coração* parecia o único mundo em que era bom e digno viver. Era um mundo em que tudo estava em seu lugar: o céu cheio de heróis e mártires; as prisões cheias de malfeitores; os soldados cobertos de sangue nos campos de batalha; pais e professores incansáveis em sua intenção de socorrer os pobres e educar as crianças. Era um mundo que eu considerava bem construído e no qual me sentia segura e protegida. Eu o considerava indestrutível; e no entanto, como em minha casa esse mundo era posto em questão e ridicularizado de uma forma particularmente obscura, eu às vezes suspeitava que houvesse nele uma rachadura secreta, um equívoco oculto e essencial. Mas rapidamente sufocava essa suspeita: construía ao meu redor paredes sólidas que me agradavam. Plasmava meu próprio mundo à imagem e semelhança daquele mundo confortável e imóvel: fazia de meus pais pessoas gentis e modestas, redimensionava minha casa e a tornava arrumada e humilde; abolia a empregada doméstica, fazia de minha mãe uma espécie de formiga diligente; além disso, na fantasia eu me esvaía em sangue em mil sacrifícios sublimes, lutava contra ladrões e contra os austríacos, via-me à noite, em pé, copiando os escritos de meu pai, pálida de cansaço e mal compreendida. Mal compreendida, mas por pouco tempo, pois naquele mundo tão nobre e digno de sofrimento os heroísmos e a morte eram em certa medida sempre aclamados e celebrados, encontravam lugar em um céu de glória, funerais e bandeiras os acompanhavam. Às vezes eu substituía os austríacos e os ladrões por fascistas, pois pareciam os únicos inimigos verdadeiros de que podia dispor. Mas era essa a única mudança que eu fazia em um quadro de cores indeléveis e bem definidas.

Acredito que hoje não possamos mais ler um livro como *Coração*; e certamente não poderíamos escrevê-lo. Ele pertence a um tempo em que se escreviam coisas falsas sobre a honestidade, o sacrifício, a honra, a coragem. Isso queria dizer que esses mesmos sentimentos, mas verdadeiros, já estiveram ou estavam a um passo de distância. Queria dizer que palavras para os expressar, verdadeiras e falsas, existiam. O falso não passa de uma imitação, falsa e morta, do que é vivo e verdadeiro. Hoje a honestidade, a honra, o sacrifício parecem tão distantes de nós, tão estranhos ao nosso mundo que não conseguimos transformá-los em palavras; e estamos completamente emudecidos por termos, neste nosso tempo, horror à mentira. Assim esperamos, em absoluto silêncio, encontrar palavras novas e verdadeiras para as coisas que amamos.

Janeiro, 1970

Vida coletiva

Para ser sincera, minha época só me inspira ódio e tédio. Não sei se é porque me tornei velha e retrógrada, entediada e hipocondríaca, ou se o que sinto é um ódio legítimo. Acredito que muitos da minha geração se façam a mesma pergunta. Tenho a impressão de que o ódio e o tédio tenham nascido em mim em um momento específico. Não sei precisar esse momento no tempo, mas sei que tudo aconteceu de repente, e não aos poucos. Foi há alguns anos, talvez cinco ou seis. Antes, tudo o que meus contemporâneos buscavam e amavam nunca me fora odioso nem alheio; tudo aquilo que suscitava curiosidade, seduzia e envolvia as pessoas ao meu redor suscitava curiosidade, seduzia e envolvia a mim também. Porém, de repente senti que não era mais assim; que eu continuava buscando em mim mesma coisas para as quais as pessoas ao redor não estavam nem aí, e vice-versa. E o que deliciava meus semelhantes não me inspirava nada além de repulsa. Se eu fosse traduzir em uma imagem tudo o que me aconteceu, diria que a sensação é a de que o mundo foi subitamente coberto por fungos e a mim os fungos não interessam.

Mas gostaria de entender se tal fato se explica por minha velhice, pessoal e particular, ou, em vez disso, por uma súbita tomada de consciência de um ódio legítimo. Uma postura como esta, de indiferença ou repulsa pelas curiosidades, inclinações e costumes que giram à nossa volta atualmente, parece-me por si só piegas e condenável. Recusar o presente, isolar-se na lamúria de um passado extinto quer dizer recusar-se a pensar.

Mas me parece ainda mais piegas, e ainda mais censurável, a postura inversa, ou seja, que nos obriguemos a amar e seguir toda novidade que aparece. Essa é uma ofensa ainda maior à verdade. Pois significa ter medo de mostrar como estamos agora, ou seja, cansados, amargos, já imóveis e velhos. Significa ter pavor de sermos deixados de lado; ter pavor de sermos rejeitados, com nossas lamúrias inúteis, em nossos reinos em ruínas.

Que nossas lamúrias por um mundo extinto sejam inúteis, não há dúvida. De fato, aquele mundo, tal como era, não ressurgirá. Além disso, é bastante duvidoso que haja realmente alguma coisa a lamentar. Em nossas inevitáveis lamentações por sua extinção, pois que foi o mundo que hospedou nossa juventude, o que se observa é apenas uma inclinação sentimental, uma fraqueza de espírito. Dito isso, há também que se dizer que é totalmente impossível para o homem estabelecer o que lhe é útil e o que lhe é inútil. O homem não sabe.

Acho que o que detesto em meu tempo é essencialmente a concepção falsa do que é útil e do que é inútil. Foi decretado que hoje são úteis a ciência, a técnica, a sociologia, a psicanálise, a libertação dos tabus sexuais. Tudo isso é considerado útil e é cercado de veneração. O resto é desprezado por ser inútil. No resto, porém, há um mundo de coisas. Coisas que são nitidamente apontadas como inúteis por não trazerem em si nenhuma vantagem clara para o destino da humanidade. Seria difícil enumerá-las, pois são infinitas. Dentre elas está o julgamento moral individual, a

Não me pergunte jamais

responsabilidade individual, o comportamento moral individual. Dentre elas, a espera pela morte. Tudo o que constitui a vida do indivíduo. Dentre elas, o pensamento solitário, a fantasia e a memória, as lamúrias pelo tempo perdido, a melancolia. Tudo o que dá vida à poesia. Uma palavra como esta, tão negligenciada, ridicularizada e humilhada hoje, aparenta ser tão antiga e impregnada de velhas lágrimas e poeira, quase o próprio espectro da inutilidade, que até mesmo pronunciá-la pode causar vergonha.

Uma vez que tudo o que constitui a vida do indivíduo é negligenciado e humilhado, e que os deuses da existência coletiva são venerados e santificados, ninguém mais leva em consideração o pensamento solitário. Decretou-se que não serve para nada, que não tem poder algum, que não afeta em nada a vida do universo. Dado que a humanidade parece doente, é considerado útil somente aquilo que se aceita como medicamentos para recuperá-la.

O pensamento solitário aparece apenas como um fruto melancólico e estéril da solidão e do esforço; e esforço e solidão são duas coisas que hoje são odiadas e repudiadas de forma prepotente. Procura-se combatê-los e eliminá-los onde quer que tenham deixado um pálido rastro. Formam-se grupos de defesa contra a obscuridade e o silêncio, contra a presença difícil e extenuante da própria solidão; formam-se grupos para viajar, para existir, para tocar e cantar, para criar. Formam-se grupos até para fazer amor, pois parece difícil e extenuante, e por demais aparentada com a solidão, a famosa e antiquíssima relação de uma só mulher com um só homem.

O desejo de se defender a todo custo da solidão e do esforço fica claro sobretudo em duas expressões da vida atual: nas obras criativas e nas relações entre homens e mulheres.

Dentre as fases da vida do homem, a adolescência é a preferida e a mais adorada hoje, pois é ao mesmo tempo a fase em que despertamos para os prazeres da vida adulta e em que somos poupados dos esforços da vida adulta. É também a fase em que os erros são perdoados. Assim, o mundo atual se apresenta como o reino dos adolescentes; mulheres e homens vestem-se como adolescentes, não importa a idade que tenham. Nesse sonho adolescente, homens e mulheres se assemelham e se identificam, e parecem querer ser a mesma coisa: o mesmo ser ambíguo, lânguido, ocioso e suave, indefeso e terno, com roupas coloridas e esfarrapadas e cabeleiras longas; imersos em um eterno abandono, perdidos em uma eterna peregrinação, sem propósito e sem tempo. Algo entre uma virgem, um prófugo, um monge, uma princesa. Querendo parecer ao mesmo tempo homem e mulher, esse ser também quer parecer riquíssimo e paupérrimo ao mesmo tempo e quer embaralhar em si e partilhar múltiplos destinos: para ele não existem nem as estações, pois mistura verão e inverno em suas vestes.

No encontro em grupo para fazer amor, no descarte do segredo da relação a dois, permanece um sonho de adolescência. Nisso podemos ler o desejo de que a relação mais dramática dentre as existentes, a relação entre um homem e uma mulher, perca sua dramaticidade e se transforme em uma coisa inocente, que seja parecida o máximo possível com uma brincadeira juvenil, sem propósitos, sem duração e sem esforço, leve, transitória e incruenta.

Quanto às obras criativas, eles exprimem igualmente um desejo de não empenho, não sofrimento, não dor, não derramamento de sangue; os romances e os versos áridos e confusos que hoje são escritos deixam claro que para escrevê-los não foi despendida nem sombra de empenho real, e que seus autores se limitaram a se espelhar na própria aridez e confusão; as obras de arte que vemos nas galerias e nos museus, feitas de cabos de vassoura de verdade e de sacos plásticos de verdade, quadros feitos com uma simples camada de cor, não exigiram nada além de uma rápida busca na cozinha ou uma rápida pincelada semelhante à que se faz na parede de um quarto.

Depositando na arte o enorme peso da realidade mais transitória e insignificante, o homem de hoje deseja expressar o vazio e a falta de confiança que o circunda, vazio do qual só extrai uma vassoura, uma bola de vidro ou uma mancha de tinta; mas também expressa sua vontade de poupar o próprio sangue, o sofrimento, a angústia e a solidão da criação.

Na verdade, esforço e solidão aparecem como os mais terríveis inimigos da vida porque a humanidade inteira é assolada pelo esforço e pela solidão. O homem de ontem não sabia disso; podia viver ignorando as desventuras da espécie. O homem de hoje não ignora mais nada do que acontece com seus semelhantes sob o sol; assim, não pode mais suportar a convivência consigo mesmo, odeia a própria imagem e sente pesar sobre seus membros uma consciência universal e intolerável. Sua libertação é suprimir do espírito toda e qualquer inclinação à dor e ao esforço; e com estes qualquer sentimento de culpa, qualquer pavor solitário. Sua libertação é refugiar-se em um estado de adolescência eterna, de extrema irresponsabilidade e liberdade; ofuscar os próprios complexos, as próprias inibições, as próprias neuroses; depois de tê-los explorado bastante, livrar-se deles, assim como de suas sombras e pesadelos; considerá-los inúteis, e considerar também inútil todo o mundo do espírito.

Ser tão livre de complexos e inibições não lhe dá orgulho nem alegria, pois o homem de hoje não tem dentro de si um lugar para se alegrar ou do qual se orgulhar. Além do mais, sabe que o mundo das angústias e dos pesadelos não se dissolveu, foi simplesmente trancado para fora e se amontoa sobre a soleira. Os instrumentos de defesa contra essas

Vida coletiva **135**

presenças ocultas lhe foram ensinados e ele os põe em ação. São eles a droga, a coletividade, o barulho, o sexo. São as expressões multifacetadas de sua liberdade. Sem orgulho ou alegria, sem nem mesmo desespero, pois não tem memória de um dia ter tido esperança de alguma coisa, desprovida de passado e futuro, pois não tem propósitos nem lembranças, essa liberdade do homem de hoje busca no presente não uma felicidade frágil, que não saberia como usar por não possuir nem imaginação, nem memória, mas uma sensação instantânea de sobrevivência e de escolha.

Banido o espírito, o homem de hoje só tem à disposição essa escolha imperiosa, ocasional e instantânea. O que ela colhe no presente é como o cabo da vassoura ou as vasilhas das obras de arte atuais: um objeto na verdade banal e vulgar, mas sempre um objeto, escolhido e rapidamente apanhado no vazio; um sinal de que uma escolha ainda é possível, de que um objeto ainda pode ser considerado único, tendo sido escolhido não se sabe por que entre milhões de objetos idênticos que giram no vórtice do espaço.

Fevereiro, 1970

Dois comunistas

Uma pessoa me telefonou no ano passado, perto do Natal. Disse que queria me propor um trabalho. Veio à minha casa. Nunca o tinha visto antes; me pareceu muito simpático. Conversamos por muito tempo e sobre várias coisas. Não sei nada sobre ele e nada poderia dizer dele, a não ser que é muito simpático e trabalha na televisão. Ele me perguntou se eu queria fazer uma reportagem para a televisão sobre a mulher na Itália. Respondi que não sabia fazer reportagens e não me agradava nem um pouco pensar «na mulher», ou seja, pensar nos problemas das mulheres isolados dos problemas dos homens. Disse também que não gostava de viajar. Não tinha nenhuma vontade de viajar pela Itália com fotógrafos. Disse que a única coisa no mundo que eu amava fazer era escrever, no sofá de casa, tudo o que me passava pela cabeça. Ele me disse que eu não precisaria viajar porque outros viajariam por mim. Eu podia ficar em casa. E me disse também que eu não faria esse trabalho sozinha, porque um sociólogo trabalharia comigo. A ideia de trabalhar com um sociólogo me assustou muito, e recusei. Não saberia conversar com um sociólogo; não tenho nenhuma intimidade com a sociologia. Então ele disse o nome do sociólogo que tinham em mente e a quem escreveriam se eu concordasse. Era Ardigò. Conheço pouco Ardigò, mas o conheço há anos. Gosto dele. Inspira simpatia. Compartilho com ele a memória de um amigo.

Esse amigo é Felice Balbo, morto em 1964. De repente senti vontade de ver Ardigò, que nunca vejo. Felice Balbo tinha muitos amigos, pessoas diferentes, que em comum só tinham o hábito de conversar com ele até tarde da noite. As conversas eram em geral em pé, pois ele costumava ficar em pé, e as discussões tornavam-se especialmente apaixonadas no átrio, no momento da despedida. Achei que Balbo ficaria contente se eu e Ardigò, dois de seus amigos, trabalhássemos juntos em uma reportagem sobre a mulher na Itália.

Quando estava de saída, a tal pessoa simpática disse que me avisaria se Ardigò aceitasse. Quando ele se foi me dei conta de que nunca soubera que Ardigò era sociólogo. Na verdade, eu nunca havia me perguntado o que Ardigò era. Para mim, era apenas um amigo de Balbo. Nem todos os seus amigos me agradavam. De Ardigò eu gostava. Minha simpatia por ele baseava-se em impressões fugidias, mas precisas. Enumerei as coisas que sabia dele. Era simpático. Vivia em Bolonha. Tinha uma irmã loura que conheci nas montanhas. Pensei que minhas ideias sobre as pessoas eram toscas, limitadas e confusas demais. E percebi que essa minha limitação, essa minha miséria de ideias, me dava um sentimento de melancolia, desalento e confusão. Me dava a sensação de me mover no vazio. Pensei que eu era a última pessoa no mundo capaz de fazer uma reportagem tendo como companheiro um sociólogo. Como sempre me movimentei no vazio e na névoa, eu não podia dirigir a palavra nem a políticos nem a sociólogos, pessoas que certamente tinham sobre a realidade um olhar sempre lúcido, exato, completo e pontual. Pensei que Ardigò logo me desprezaria. Ou poderia ser ainda pior, isto é, que ele se equivocasse supondo que eu fosse dotada de virtudes de cultura e inserção social, o que na verdade estou longe de ser. Pensei que ser compreendido é muito difícil. Ser compreendido quer dizer ser visto e aceito pelo que somos. O perigo mais triste que corremos não é tanto que as pessoas não vejam ou não amem as nossas virtudes, mas que, ao contrário, suponham que nossas virtudes reais tenham se multiplicado em muitas outras que nos são absolutamente inexistentes.

E pensei que a coisa mais bonita em Felice Balbo era que ele nunca distorcia as pessoas com quem andava, nunca as guarnecia de dons que elas não tinham; ao contrário, ele buscava em quem estivesse diante de si o seu núcleo mais vital e profundo, escolhia e despertava o melhor que o outro carregava, e apenas aquilo, sem nenhum traço de surpresa, desprezo ou escárnio diante das limitações e pobreza do outro. Ele de fato agia com os outros da única forma que a inteligência desses outros seria capaz de segui-lo sem limitações. Não costumava procurar nos outros a própria imagem, esquecia-se completamente de si quando estava em companhia. Foi a pessoa menos narcisista que já conheci. Indiferente a si mesmo, não escolhia os amigos por serem parecidos com ele, ou por serem o contrário dele, ou porque podiam enriquecê-lo de ideias e inserções que ele não tinha. Ele simplesmente estava em companhia de pessoas com quem conseguia ter alguma espécie de diálogo. Quando estava com alguém, nunca se punha em posição de superioridade ou inferioridade — era sempre igual em relação ao outro.

Mantive em meu futuro próximo a perspectiva, bastante vaga, aliás, de fazer aquela reportagem, perspectiva que o nome de Ardigò me alegrava e ao mesmo tempo me preocupava, e que a lembrança da pessoa muito simpática que veio aquele dia à minha casa também me alegrava.

O tempo passou, e não soube mais nada daquele trabalho. Pensei que tivesse evaporado, como tantas propostas evaporam. Outro dia, porém, saiu no *Unità* a fotocópia de uma folha datilografada da televisão com uma série de propostas, entre elas a da reportagem sobre as mulheres. Dela

constavam o meu nome e o de Ardigò. Ao lado, escrita
à caneta, havia uma manifestação de perplexidade. Lia-se:
«Dois comunistas». Isso me deixou pasmada. Fiquei também
muito feliz. Porque fiquei tão feliz, já não sei.
Pelo comentário do *Unità* entendi que Ardigò é conse-
lheiro nacional da DC [Democrazia Cristiana]. Para dizer a
verdade, nem isso eu sabia dele. Perguntei-me então o que
eu sabia de preciso sobre mim. No que se refere à política,
devo dizer que não sei nada de preciso sobre mim. A única
coisa da qual tenho absoluta certeza é que não entendo nada
de política. Duas vezes na vida me filiei a partidos. Uma vez
foi ao Partito d'Azzione. Na outra, ao Partido Comunista.
Nas duas vezes foi um erro. Como não entendo nada de
política, era ridículo fingir que entendia alguma coisa, ir
às reuniões, andar com a carteirinha do partido em mãos.
É melhor que, enquanto estiver viva, eu não me filie mais a
nenhum partido. Se me perguntassem como eu gostaria que
um país fosse governado, não saberia responder em sã consciência. Minhas noções sobre política são por demais toscas,
equivocadas, elementares, confusas. Por isso com frequência
sinto que as pessoas que amo me desprezam. Elas pensam
que minha pobreza de ideias sobre política seja leviandade,
falta de seriedade, indiferença culpada. Pensam tais coisas
em silêncio. Mas o peso de seu desprezo me oprime. Se na
presença desse silêncio severo eu tentasse me explicar, encontraria apenas palavras grotescamente atrapalhadas e fúteis. No
entanto, tenho certeza de que deve haver um lugar no mundo
para aqueles que, como eu, não entendem de política, que se
falassem de política diriam apenas banalidades e idiotices, por
isso o melhor a fazer é quase nunca emitir alguma opinião.
Quase nunca, pois de vez em quando é imprescindível dizer
sim ou não. Gostaria, no entanto, de me dar ao luxo de dizer
apenas sim ou não. E visto que falei de Felice Balbo, quero

Não me pergunte jamais

dizer que sou grata por ele nunca ter me desprezado, nunca ter se espantado ou desdenhado da minha ignorância política; sou imensamente grata por ele sempre ter me aceitado, e me compreendido, pelo que eu era. Primeiro, eu o segui no Partido Comunista, e depois, fora do partido, fiz tudo o que ele fazia, pois achava que ele entendia de política, e eu não. E mesmo assim, com ele nunca tive a sensação de me submeter a um superior, de enfrentar uma personalidade mais forte. Entre nós era ponto pacífico que ele entendia e sabia um monte de coisa, e eu não. Mas não tinha importância, éramos iguais. Nas lembranças dos anos que passei no Partido Comunista, nas lembranças das reuniões e comícios, sua figura está sempre presente. Talvez por isso eu fique feliz quando me chamam de comunista. Porque me lembro dos anos em que Balbo e eu estávamos lá.

No que se refere aos dois partidos a que pertenci, um dos quais há tempos já não existe, acredito ter mantido com eles laços viscerais, obscuros e subterrâneos, que não saberia explicar com palavras, que não encontram fundamento algum na razão, que não têm relação alguma com escolhas racionais, mas brotam das profundezas, como os afetos. Gostaria de dizer também que se um dia houvesse uma revolução e eu tivesse de fazer uma escolha política, preferiria ser assassinada a assassinar alguém. E essa é uma das pouquíssimas ideias políticas que minha mente é capaz de formular.

Março, 1970

Vilarejos

Fui ver a exposição dos grandes *naïfs* iugoslavos no Palazzo Braschi. Os *naïfs* iugoslavos são pintores campesinos. Pintam sobre o vidro. Fazem parte de uma escola chamada Zemlja, isto é, «terra». O fundador, que se chama Generalić, não mandou seus quadros para a exposição porque não gostava de um dos pintores convidados, isto é, de Lackovic. Era o que diziam nas salas da galeria e não sei se é verdade ou apenas boato. Nunca vi os quadros de Generalić. Até pouco tempo antes de visitar a exposição, não sabia nada nem da escola Zemlja, nem de Lackovic, nem de Generalić. Isso por ignorância minha, pois pelo que soube os *naïfs* iugoslavos são famosíssimos.

Não foi por amor à pintura que quis ver essa exposição, mas porque, ao saber que se tratava de pintores campesinos, pensei que veria vilarejos.

Ao longo de toda a minha vida sempre tive enorme curiosidade em ver vilarejos, na realidade e nos quadros, não importa. Quando estou no trem, olho a paisagem e escolho os vilarejos onde eu poderia gostar de viver. Ao mesmo tempo, quando penso na vida perdida em meio a prados ou rochas ou cravada no alto de uma colina, sou tomada por uma sensação pungente de vertigem e melancolia. Porque junto do desejo de viver no campo vive em mim, na mesma medida, a suspeita forte e profunda de que, vivendo no campo, eu morreria de tédio e solidão. Mas nas dobras desse tédio se esconde um encanto secreto para mim. São os típicos pensamentos de quando viajo de trem, pensamentos totalmente ociosos porque não tenciono, e talvez nem mesmo deseje verdadeiramente, deixar a vida na cidade em que vivo há muitos anos.

Em uma época já distante, morei no campo por alguns anos. Não fui eu quem escolhi aquele vilarejo, outros o escolheram por mim. Na verdade, era um *confino di polizia*.[11] Mesmo que aos poucos eu tenha aprendido a amá-lo, durante o tempo em que estive lá nunca esqueci que não o havia escolhido e nunca deixei de sonhar com outros vilarejos ainda mais remotos. Esse vilarejo não ficava nem um pouco perdido no campo, ao contrário, ficava ao lado de uma estrada larga, poeirenta e cheia de bicicletas e carretos. A casa onde eu morava ficava em cima da farmácia. Como na época eu tinha filhos pequenos, a existência daquela farmácia me parecia bastante cômoda e tranquilizadora. Todavia, ela minava por completo minha sensação de estar no campo. Nossas janelas não davam para o campo, davam para telhados e vielas. A farmacêutica ficava sentada à porta da farmácia. Diziam que ela «falava com o diabo». Quando e por que aquela farmacêutica cheinha e gentil, de penhoar e chinelos, falava com o diabo, eu não sei. Mas eu gostava da ideia de que pairasse essa suspeita em torno dela, pois ficava com a impressão de estar em um lugar estranho e primitivo. Na verdade, essa cidadezinha era muito pouco estranha e no fundo muito pouco primitiva, apesar de suja e pobre. Quando levantava os olhos, via as colinas. Sobre as colinas havia vilarejos e aldeolas onde eu teria

---

11   O confinamento de polícia ou político foi uma medida largamente empregada por Mussolini; opositores ao regime, fossem eles filiados a partidos ou os ditos «espontâneos», eram enviados a locais distantes de casa, no interior ou em ilhas afastadas. [N. E.]

Não me pergunte jamais

amado viver. Mas havia principalmente, não muito longe da cidadezinha, um povoado chamado Cavallari, cinco ou seis casas espalhadas em meio a um charco, e eu costumava imaginar minha vida lá. Claro, era uma brincadeira boba da minha imaginação frívola. Caminhando por entre os campos para chegar a Cavallari, afundávamos na lama até os joelhos e, nas vielas, em meio a casas enegrecidas e desmanteladas, afundávamos no estrume. Cavallari era sarcasticamente chamada de «Pequena Paris» pelos habitantes da cidadezinha onde eu estava. Acredito que se me tivesse acontecido de morar por mais de um dia na Pequena Paris, eu teria enlouquecido. De vez em quando ia até lá e passava algumas horas, e assim pude conhecer alguns camponeses. Longe de estarem felizes de viver naquela lama, o que os amparava era apenas um hábito secular. Não tinham água nem luz, e para comprar uma vela ou uma cartela de agulhas precisavam caminhar quilômetros. Eu, porque estava com as ideias confusas como nunca, planejava nos anos vindouros me empenhar para arrancar aqueles camponeses daquele lugar miserável, mas ao mesmo tempo alimentava o sonho de passar o resto da vida em uma daquelas cozinhas pretas sufocadas pela fumaça e pelo estrume, e de noite, da janela, olhar o pôr do sol sobre aquele charco desolador.

Se antes eu tinha uma imagem idílica e pastoral dos vilarejos, com barulhinho de riachos e relva macia, ela foi destruída para todo o sempre na lama da Pequena Paris e nas vielas da cidadezinha em que vivi. Não que lá não houvesse relva macia e ovelhas, mas a lama, a fumaça e o tédio reinavam absolutos e faziam parte da realidade essencial daquele lugar. Conheci vários povoados e seus arredores naquele grande vale e procurei pensar em minha vida ali com aguda curiosidade, com desconsolo e desejo. Àquela altura eu conhecia cada canto da cidadezinha em que vivi, cada buraco e cada viela, e meu tédio de tê-la diante dos olhos era infinito. Eu ia ver outros povoados e bairros como uma pessoa que vira e revira na cama para encontrar um lugar mais fresco. Mas teria dado tudo para abrir os olhos de manhã em uma varanda na cidade. E no entanto vivi feliz naquele lugar. Pois não é verdade que o tédio exclui a felicidade. Podem existir juntos e unir-se em um emaranhado inextrincável. Lembrando do tédio daqueles anos, continuo com a certeza absoluta de que a vida em uma cidadezinha de campo seria a que eu escolheria se ao homem fosse dado escolher o seu destino.

Voltando à exposição no Palazzo Braschi, fui visitá-la, portanto, para ver vilarejos. Saí de lá com uma saudade profunda e pungente de vilarejos. Desejei ser uma pessoa determinada, ou seja, desejei ser o pintor campesino Ivan Vecenaj. Os grandes iugoslavos *naïfs* que expuseram quadros nessa mostra são basicamente quatro: Vecenaj, Rabuzin, Lackovic e Kovacic. Vou logo dizendo que não gosto de Rabuzin. Soube pelo catálogo que ele não é camponês, mas pintor de paredes. Isso explica muito sobre ele. Pintando paredes, deve certamente ter acumulado muito branco dentro de si. Em seus quadros a luz branca é constante. Nos céus róseos e azuis-celeste viajam nuvens que parecem bolas de neve, no chão jazem imensas bolas verdes, como imensos melões ou limões, mas são folhas. Círculos ao longe com pequenas casas não abrigam vida humana, pois que seus vilarejos, bosques e campos estão fechados em uma geometria imóvel. As paisagens de Rabuzin parecem paraísos luminosos e gélidos destinados não aos homens, mas às nuvens, aos melões e aos limões, fechadas para todo o sempre em uma vítrea e nívea primavera. Elas me chamaram a atenção, mas achei-as aterradoras. Lackovic me desperta mais simpatia. Lackovic pinta homens pequeníssimos acompanhados de cães pequeníssimos

que parecem raposas. Pinta planícies invernais e luas vermelhas e redondas, vilarejos harmoniosamente compostos em
um delicado labirinto de arbustos. Pinta como uma criança
vivaz, divertida e falante. Seus horizontes, no entanto, não
são infinitos, nunca é sem fim a extensão de seus campos.
Todas as paisagens são colhidas em sua vivacidade e em sua
graça. Os dois pintores que amo nessa exposição são Kovacic
e Vecenaj. Kovacic tem pântanos de um verde-acinzentado,
outonos flamejantes e vilarejos invernais pintados com intensa
atenção e intensa tristeza. Ignoro por que o horizonte não é
infinito nos quadros de Lackovic e é infinito nas paisagens de
Kovacic e Vecenaj, mas acho que todo o segredo da pintura
está nesse ponto. Os quadros de Ivan Vecenaj estão na primeira sala. Voltei
a ele depois de ter visto os outros, e acredito ser o meu preferido. Suas paisagens são pintadas com extrema minúcia nos
mínimos e mais longínquos detalhes, e o horizonte acima
delas é fosco e solene. No meio da paisagem às vezes emerge
um evento dramático: uma casa pega fogo; são João senta-se
com sua águia; um vaso de flores azuis é posto numa superfí-
cie de neve; uma mulher vai atrás de seus gansos; crucificam
Jesus. As cores de Vecenaj são cruéis e violentas. Suas figuras
humanas são atarracadas e estupefatas. Têm rostos largos e
lenhosos, mãos grandes, ossudas e retorcidas, cansadíssimas
e fortes. Seus animais são peludos e ásperos, cheios de penas
e pelos. Cada quadro fala da áspera dificuldade de viver e da
desoladora solidão do homem do campo. Cada quadro fala
como é sem fim e sem resposta a natureza ao redor das obras
dos homens, ao redor dos vilarejos.

Soube pelo catálogo que Vecenaj continua em seu vilarejo e trabalha como camponês. Isso me deixou muito feliz,
pois teria achado tristíssimo pensar nele em um apartamento
anônimo de uma cidade qualquer, com telefone e elevador.

Vilarejos

Quando saí da exposição, estava anoitecendo. A rua estava cheia, havia trânsito e barulho. Os olhos não conseguiam fixar em nada, só havia confusão, as ruas não eram mais ruas, apenas gente e automóveis, os sons laceravam os ouvidos. Consolou-me pensar que Vecenaj foi poupado de tudo isso. Naquele crepúsculo cinza, era o único pensamento que me consolava. Desejava duas coisas, e ambas eram impossíveis: desejava ser Vecenaj e desejava ficar para sempre em um dos vilarejos que ele pintou. Estar lá, como a guardiã dos gansos, ou como a águia, ou são João, ou Jesus. Ter aquele campo sob meus pés. Ter aquele céu sobre minha cabeça.

Abril, 1970

O menino que viu ursos

Três anos atrás fui aos Estados Unidos pela primeira vez. Um filho morava lá fazia um ano e havia nascido um neto. Meu filho, a mulher e o menino ainda ficariam por mais um ano. O menino já tinha alguns meses e eu só o tinha visto por fotografias. Assim, conheci os Estados Unidos e meu neto Simone ao mesmo tempo. Não posso dizer que entendi e vi muito dos Estados Unidos, pois sou lenta nas reflexões e não muito capaz de entender rapidamente lugares desconhecidos. Tenho esta recordação da viagem: a tarde durou muitíssimas horas, o avião zunia aparentemente imóvel num céu de azul intenso, na garupa de cândidas nuvens onde o sol nem sonhava em se pôr; e então de repente vieram a chuva e a noite. O instante em que aquela tarde imóvel e gloriosa se transformou em uma tempestade noturna deve ter passado muito rápido, pois não tenho memória dele. Quando descemos o vento estava furioso e na pista do aeroporto haviam instalado passarelas com coberturas de zinco sobre as quais a chuva caía pesada.

Minhas primeiras imagens foram ruas arrasadas pelo temporal e longas passagens subterrâneas, barulhentas e iluminadas feito o dia. A cidade era Boston. Já tinha lido muitíssimos livros que falavam de Boston, mas não sei por que o único que me veio à mente naquele dia foi um romance chamado *O acendedor de lampiões,* que eu havia lido e amado quando tinha nove anos. Passava-se em Boston e tinha uma menina chamada Gertrude, muito pobre, maltratada e selvagem, que havia sido recolhida e adotada por um velho muito bondoso, acendedor de lampiões. Fiquei subitamente feliz comigo mesma por estar na cidade de Gertrude. Porém, ao meu redor não havia nem sinal de lampiões, e foi difícil reconhecer naquelas barulhentas passagens subterrâneas as imagens calmas e vazias que eu havia construído em torno do nome Boston em minha remota infância. Todavia, a memória d'*O acendedor de lampiões* ficou comigo durante todo o tempo que permaneci em Boston e, no fundo, após observação atenta, descobri que aquela cidade não era muito diferente daquela que havia sido desenterrada das cinzas de minha imaginação infantil. De Gertrude, lembrava que costumava se alimentar de lixo quando era muito pobre. Assim, passei a observar com atenção as grandes lixeiras que ficavam na frente das casas nas ruas de Boston. Meu filho me explicou de manhã que havia duas lixeiras, uma destinada ao lixo *orgânico* e a outra ao *inorgânico*. Por isso, toda vez que eu precisava jogar fora alguma coisa, ficava pensando se iria na lixeira do *orgânico* ou na lixeira do *inorgânico*. Depois, já de volta à Itália, ainda refletia sobre o *orgânico* e o *inorgânico,* mesmo jogando tudo em um único saco, como estamos habituados a fazer aqui.

Voltando à noite de minha chegada, meu filho e a mulher logo mencionaram a longa viagem de carro que estavam se preparando para fazer, com o menino, para as «Rocky Mountains». Eu sabia desse projeto deles fazia tempo, mas em meio àquela tempestade de vento e chuva a ideia me pareceu insensata, e disse que o menino padeceria com o frio. Eles me lembraram que estávamos no mês de maio, a viagem aconteceria no verão e, portanto, no máximo haveria o risco do calorão. Disseram também que tinham ido ao pediatra e haviam levado o mapa ao consultório, mostraram o itinerário da viagem e o pediatra havia aprovado. Esse pediatra se fazia chamar de «Jerry» por seus clientes. Quando combinava um atendimento, deixava na caixa de correio um cartãozinho com a mensagem: «Jerry ficará feliz de encontrar Simone, terça-feira, às 15h». No entanto, se Simone tivesse uma febre de quarenta graus, Jerry não se moveria nem um milímetro, pois não fazia atendimentos domiciliares. Essa era a regra nos Estados Unidos e nenhum pediatra a infringia. Também soube que esse Jerry achava Simone saudável, mas um pouco gordinho demais. Jerry queria que as crianças fossem magras. Percebi que, de fato, os Estados Unidos eram um país de crianças magras. Além disso, as crianças me pareceram pouco vestidas e com as mãos roxas de frio porque não usavam luvas.

Quando vi Simone pela primeira vez, na noite de minha chegada, ele estava na cama, acordado, de macacão branco de algodão, e brincava com um gato achatado de tecido vermelho encerado. Tinha a cabecinha completamente careca e olhos negros irônicos, espertíssimos e penetrantes. Olhando com muita atenção, podia-se perceber em sua cabeça careca uma penugem loira finíssima. Os olhos eram apertados e alongados em direção às têmporas. Achei que parecia Gengis Khan.

Depois de alguns dias de tempestade, um verão tórrido subitamente explodiu. Então eu disse que uma viagem com aquele calor seria perigosa. Daria qualquer coisa para levar o menino comigo para a Itália, para o campo, à sombra de árvores frondosas. Mas seus pais estavam irredutíveis. Achavam que nas «Rocky Mountains» ele se divertiria mais. Eu replicava que um menino de poucos meses não veria diferença entre as «Rocky Mountains» e uma casinha de coelho. Sermões, reclamações e injúrias foram minhas principais manifestações ao longo da minha estadia nos Estados Unidos.

Mas o pior é que não conseguia ficar em paz sabendo que por três meses aquele meigo e inocente bebê não teria uma casa. Acontece que meu filho e sua mulher haviam sublocado a casa deles até o mês de outubro. Simone dormiria no carro, ou em motéis, ou em uma barraca — ela já havia sido comprada e meu filho a montava e desmontava no jardim de um amigo. Até o começo de outubro, Simone não teria sobre si o teto de sua casa. Mas teria o tempo todo — disseram — a sua cama. A tal cama era na verdade desmontável e ficava compacta, cabendo dentro do carro. Também treinaram como montá-la várias vezes. Não sei se por imperícia de meu filho, mas a operação de arrumar a cama dentro do carro era lentíssima e trabalhosa, tanto quanto a instalação da barraca no jardim.

Assisti a esses preparativos de viagem com um medo crescente. Meu filho e a mulher todo dia voltavam para casa com objetos para a viagem, garrafões de plástico para água e remédio para picada de escorpião. Compraram também um enorme saco plástico e jogaram dentro dele todos os brinquedos do menino. Observei que seria um estorvo, mas eles tinham lido no livro do dr. Spock que um bebê deve viajar em companhia de todos os seus brinquedos. Na verdade, não podendo fazer a Jerry todas as perguntas que desejavam, eles frequentemente buscavam respostas e conforto no livro do dr. Spock.

Alheio à ameaça das «Rocky Mountains», o bebê vivia na casa como se ela fosse ser sua até o fim dos séculos. Ficava em seu carrinho na varanda de madeira na entrada, balançava seu gato vermelho e enquadrava o mundo com seus olhos de Gengis Khan. Era um belo menino gordo e forte, talvez gordo demais para o gosto de Jerry, e engolia alegremente muitas garrafas de leite, mas lutava ferozmente contra qualquer outra espécie de alimento. Lancei a proposta de lhe preparar o famoso caldo de legumes. Na Itália, os bebês desmamam com caldo de legumes. Mas meu filho e a mulher manifestaram forte desprezo pelo caldo de legumes. Pensando bem, eu também sabia que era inútil acostumar o menino ao caldo de legumes, que precisava ser fervido por horas e cujo preparo era impossível em uma viagem de automóvel. De volta à Itália, passei todo o verão inquieta, não obstante chegassem cartões-postais das «Rocky Mountains» e fotografias tranquilizadoras do menino nu e bronzeado nos ombros dos pais. No fim do verão, quando eles já haviam voltado para casa, recebi uma carta em que meu filho contava da viagem e dizia, entre outras coisas, que certa noite estavam num camping quando apareceram ursos provavelmente atraídos pelo cheiro de uma garrafa de xarope que havia quebrado no capô do carro. Encolhidos na barraca com o bebê no colo, ficaram espiando os ursos agitados ao redor do carro, lutando com uma geladeira. Não se tratava em absoluto de ursinhos graciosos, eram animais feios, altos e grandes, e para afugentá-los eles tiveram de bater tampas de panelas. De manhã foram à agência de turismo e pediram que lhes fosse indicado um camping em que ursos nunca pusessem as patas.

Apesar de já superadas há tempos, aquelas notícias assustadoras me perturbaram, e escrevi cartas com sermões e injúrias. Voltaram para a Itália depois de mais um inverno e um verão, momento em que fizeram outra viagem, desta vez ao «deeper South», lugar que eu sabia ser quente e perigoso. Recebi o menino com o sentimento de que ele tinha escapado ileso de viagens perigosas. À época ele já andava e falava. Em sua cabeça longa e delicada haviam crescido cabelos loiros macios e finíssimos. Tinha alguns caprichos. Não queria saber de frutas frescas e exigia suco de pera de garrafa. Não queria saber de blusas de lã porque «tinham

O menino que viu ursos

pelo». A única roupa que aceitava vestir no frio era um casaco velho já desbotado. Pensei que sua ojeriza «a pelos» talvez estivesse ligada a uma ojeriza ou medo daqueles ursos que tinha visto. Mas talvez fosse uma dedução insensata, já que ele era pequeno demais para se assustar. Pouco a pouco, conseguimos convencê-lo de que «o pelo» das blusas desaparecia se ele esfregasse as mangas com força. No entanto, o casaco continuou sendo sua peça de roupa preferida.

Ele ficou de vir a minha casa certa tarde. Eu o esperava na janela. Vi-o atravessar a rua com o pai. Caminhava sério, de mãos dadas com o pai, e no entanto parecia absorto em si mesmo, e só, carregando uma bolsa de nylon onde havia enfiado o casaco. Poucos dias antes havia nascido sua irmã, e talvez por isso ele estivesse sério. Seu passo, sua longa cabeça orgulhosa e delicada, seu olhar obscuro e profundo, de repente me fizeram enxergar nele algum traço judaico que eu nunca havia visto. Pareceu-me até mesmo um pequeno emigrante. Quando ele se sentava na varanda, em Boston, parecia reinar soberano no mundo que tinha em torno de si. Parecia Gengis Khan. Agora não era mais Gengis Khan, o mundo havia se revelado mutável e instável, em sua pessoa talvez tivesse surgido uma conscientização precoce de que as coisas são ameaçadoras e fugidias e que um ser humano deve bastar-se por si só. Parecia saber que nada lhe pertencia, a não ser aquela bolsa de nylon desbotada com quatro figurinhas, dois lápis mordidos e um casaco desbotado. Pequeno judeu sem pátria, atravessava a rua com sua bolsa.

Abril, 1970

Filme

Em um cineclube assisti a um filme escrito por Beckett chamado *Filme,* interpretado por Buster Keaton. Dura talvez menos de meia hora e não tem nenhuma fala. Um homem em um quarto põe fim à própria vida. Não o vemos morrer nem se matar; mas fica claro que depois daquele momento não lhe restará mais nada.

No quarto há uma cama, uma coberta, um espelho, uma cadeira de balanço, um gato e um cão em um cesto, um peixe em um aquário redondo, um papagaio na gaiola. Apesar desses móveis e desses animais, o quarto parece nu e vazio. O momento em que aquele homem levou para lá aquela cama e aquele espelho, aquele cesto, aquele aquário redondo e aquela gaiola parece muito distante e perdido num tempo sem memória.

Com gestos ansiosos e cheios de terror, como que seguido por perseguidores invisíveis, o homem cobre o espelho com um pano, deixa o cão e o gato saírem, fecha a porta, cobre o aquário e a gaiola. Então senta na cadeira e se balança, no meio do quarto. Às vezes apalpa o pulso, ansioso pela própria pulsação, com uma preocupação consigo típica de quem não tem ninguém nesta vida além de si mesmo, com um medo da morte que só sente quem não quer nada além da morte.

Ele tira algumas fotografias de uma pasta de couro e as observa. São imagens antigas de um ser que um dia ele foi. A infância, o rosto da mãe, festas escolares, competições esportivas, o casamento, uma mulher, um menino. Imagens de uma vida respirável, calorosa, habitada de afetos. Uma vida já longínqua daquele quarto, daquela decoração desoladora. Ele acaricia por um instante, com o polegar, a fotografia do menino. Rasga ao meio, uma por uma, todas as fotografias. Rasga ao meio uma por uma, sem hesitação e desta vez sem ansiedade, atentamente, escrupulosamente. Deixa-as cair no chão.

Até então não vimos seu rosto, apenas suas mãos, seus ombros, sua echarpe, as rachaduras na parede, as dobras da coberta. Finalmente vemos o rosto: um rosto devastado, encavado, um olho coberto por uma venda preta. Por um instante, pois rapidamente ele tapa esse rosto com as mãos devastadas. Único e último gesto de piedade de si; única e última tentativa de esconder de si a própria imagem, de se perder para além da razão e das memórias; única e última súplica à escuridão, ao nada e à morte.

Essa história rápida e muda só podia ser interpretada por Buster Keaton. Impossível imaginar outro ser naquele quarto. Ele não interpreta: ele *é* aquele homem. Não sei quase nada da vida de Buster Keaton além do que talvez todos saibam. Morreu só e pobre, alguns anos atrás. Provavelmente seus últimos dias foram bastante parecidos com as horas daquele homem naquele quarto.

Teve um destino cruel. Foi um ator cômico famosíssimo nos tempos do cinema mudo; com o advento do cinema sonoro, não o procuraram mais e foi esquecido. De fato, era impensável que de sua boca pudessem sair palavras. Seu rosto magro e árido, seus lábios lacrados e inaptos ao sorriso, as mandíbulas rígidas e contraídas eram a própria máscara do silêncio. Havia sido um grande ator, um grande ator cômico. A comicidade nascia de seus movimentos rápidos, de seu silêncio, de sua fixidez. Algumas vezes apareceram fotografias suas nos jornais. Um rosto no qual os anos e a sombra haviam cavado sombras e sulcos. Um rosto coberto por uma rede de rugas espessíssimas, como um mapa, os lábios sempre apertados e lacrados. Teve de fechar-se em seu silêncio ainda vivo, como em uma sepultura. Deram-lhe somente alguns pequenos papéis, breves e secundários. Foi o pianista em *Luzes da ribalta*. *Filme* deve ter sido um de seus últimos filmes, senão o último; e não teve, creio, nenhuma repercussão.

Chaplin teve outra sorte. Haviam sido, acredito, amigos de juventude. Chaplin teve em abundância tudo o que Keaton, depois de certa época, não teve mais. Após anos amargos de uma infância órfã e pobre, Chaplin teve glória, dinheiro e honras e os terá por toda a vida. Sua glória é há muito tempo indestrutível.

Era, sem dúvida, um ator maior. As lembranças de sua infância, as tristes ruelas povoadas de pobres, logo se tornaram um mundo remoto para ele. Por muitíssimos anos, buscou inspiração naquelas memórias sombrias. Inventou a figura imortal que bem conhecemos. A figura manquejante e rápida, de cachos pretos ao redor do rosto pálido, de sorriso luminoso e doce. Também ela era desprovida de fala. Também ela conhecia bem a inadequação e a miséria da palavra humana.

Na velhice, Chaplin transformou-se em uma pessoa de alguma forma contrária àquela figura errante, manquejante e fugidia. Tornou-se um velho grisalho e próspero, otimista e milionário. Vive numa mansão na Suíça, com um enxame de filhos. Se por acaso se encontrassem, a antiga figura manquejante e errante e esse astuto e distinto velho senhor, não teriam nada a dizer um ao outro. Na velhice, Chaplin escreveu e falou. Escreveu até mesmo um livro de memórias. Quando acontece de vermos na tela a antiga figura que amamos, devemos isolá-la da lembrança da pessoa que a criou e que dela se tornou tão diferente. Devemos afastar a lembrança dos pensamentos que expressou em seu livro, de suas afirmações otimistas, de sua vaidade nem um pouco ingênua, da pessoa sólida e robusta cujo instinto de fuga desapareceu completamente. Da qual desapareceu também todo o instinto de liberdade.

Chaplin fez, na velhice, alguns filmes ruins. Eles fizeram sucesso. Claro, a ideia de ter feito filmes ruins sequer passou por sua cabeça, pois a esta altura é por demais presunçoso para dizer a si mesmo palavras verdadeiras. Além do mais, a coisa em si não teria importância e seus filmes ruins nem mesmo arranham seu gênio. Quando vemos na tela a figura imortal criada por ele tempos atrás, não pensamos em seus últimos filmes ruins. Pensamos na pessoa que é hoje, a qual, em relação à pessoa que foi, encontra-se na outra margem.

Não podemos reprová-lo por te se tornado rico e esperto na velhice. Penso que uma pessoa pode ser riquíssima e espertíssima e de algum modo manter-se livre e errante. Acho que é difícil, mas é possível. O que entristece nele hoje é justamente o otimismo. As palavras que escreveu e pensou. Seu miserável e deplorável otimismo de octogenário para quem tudo deu muito certo.

Que eu saiba, Buster Keaton não deixou livros de memórias. O silêncio nele, e o silêncio que o circundava, deve ter sido imenso. A velhice enfureceu-se contra ele devastando seu corpo, seu rosto árido, nu e indefeso. Ele, porém, continuou sendo ele mesmo, trancado em seu silêncio, fiel a seu enorme desespero, que não podia ser posto em palavras por ser a palavra humana tão inadequada e miserável, para sempre fiel à sua enorme liberdade de jamais pronunciar uma palavra sequer.

Maio, 1970

O ator

Conheci Soldati muitos anos atrás. Na época, ele era mais velho do que eu. Hoje não, hoje somos igualmente velhos. Era magro como um palito de fósforo, e em sua cabeça faiscava um topetinho preto. Eu o conheci na casa de minha irmã, em Turim. Havia várias pessoas, não lembro quem eram, era um almoço. Durante o almoço ele ficou bravo com alguém e começou a gritar. Disse então uma frase que guardei na lembrança. A frase era: «Os amigos não se escolhem». Não acompanhei todo o discurso, estava distraída até então. Ao vê-lo repentinamente tão furioso, espantei-me e talvez tenha ficado assustada. Ele gritava com a voz rouca, e seu R francês enrolava, cheio de cólera. Tinha ficado em pé e o topete preto tremulava desalinhado sobre sua palidez.

Terminado o almoço, jogou-se no sofá e disse mais uma vez com a voz rouca e cansada, com o rosto abatido e desolado: «Os amigos não se escolhem». Depois, repentinamente, sua raiva passou. Em dado momento, perguntou quem eu era. Ficou surpreso ao saber que eu era a irmã da pessoa que o havia convidado para o almoço. Disse que achou que eu fosse uma *suivante* [dama de companhia]. A palavra *suivante*, que eu não conhecia até então, me humilhou. Fiquei achando que estava malvestida.

Perguntou-me o que eu fazia. Disse-lhe que fazia o ginásio. Alguém mencionou que eu escrevia histórias. Pediu para lê-las. Eu tinha as histórias comigo, em um caderno dentro da pasta que deixara na entrada. Estava com a pasta porque tinha ido diretamente da escola. O caderno estava sempre comigo. Acho que o carregava sempre na esperança de que alguém pedisse para lê-lo.

Ele estava prestes a partir e prometeu ler meu caderno durante a viagem. Alguns dias depois, mandou um telegrama. Ele tinha gostado das minhas histórias. Fiquei feliz. Até hoje sou grata por ele ter me mandado um telegrama. Guardei esse telegrama por muito tempo, amassado em uma caixa junto a outros objetos que me eram preciosos. Era o primeiro telegrama que eu recebia, e por muitos anos permaneceu sendo o único.

A *suivante*, o telegrama, e a frase «os amigos não se escolhem» são para mim três coisas inseparáveis da imagem de Soldati. A *suivante* e o telegrama não têm muita relação com Soldati, mas comigo mesma e com minha vaidade. A frase «os amigos não se escolhem» diz respeito tanto a Soldati quanto à realidade. Lembro ter pensado em todos os meus amigos naquela noite e ter me perguntado se os tinha escolhido ou os encontrara por acaso. Até hoje me pergunto se escolhemos os amigos.

Acho que, no que se refere aos amigos da infância e da juventude, realmente não os escolhemos, eles são jogados a nossos pés pelo destino. Na idade adulta, de alguma forma escolhemos os amigos. Mas também é verdade que em nossas escolhas entram em jogo três elementos essenciais: em parte nós mesmos escolhemos, em parte somos escolhidos e em parte o acaso escolhe por nós.

Além do mais, nosso ato de escolher não tem grande valor. Escolhendo nossos amigos, obedecemos a um critério de avaliação bastante grosseiro, superficial e confuso. O que conta não é o ato de escolher, mas os vínculos que surgem do afeto e que sempre são cegos, imperiosos e sem explicação. O afeto não escolhe nada — ou melhor, sua escolha é tão rápida que nos esquecemos de tê-la feito.

Voltando a Soldati, ao me lembrar mais tarde de sua raiva naquela noite, entendi que ele não estava nem um pouco enraivecido. Estava representando. Interpretava o papel de um homem enfurecido. Aquilo que achei que fosse o fogo da ira era na verdade o fogo da representação. Depois entendi que ele frequentemente representava para divertir os outros e a si próprio.

Mais tarde, lendo seus romances, impressionou-me não encontrar nenhum traço de simulação nem de exaltação. Ele escreve uma prosa pacata, clara, austera e paciente. É uma prosa invisível, como a água ou o vidro. Acredito que seus romances venham da parte mais calma e mais séria de sua pessoa. O jogo mágico em seus romances geralmente é o de insinuar, na transparência do vidro ou da água, dentro de uma realidade habitável, respirável e clara, uma fenda oblíqua, um lampejo verde e sinistro que parece vir de outros mundos e indicar sua realidade não respirável, não habitável, noturna e desprovida de estrelas. Seus romances são, sempre ou quase sempre, histórias de encontros com o mal.

Em seus romances, sempre ou quase sempre há duas personagens essenciais. Um narrador, alguém que diz «eu», pessoa a partir da qual parece fluir a prosa da própria narrativa, pacata, nítida, nunca interrompida por soluços, imune a pesadelos ou neuroses; pessoa que não fala de sua vida ou fala pouco, como se ela não merecesse ser falada, por se tratar de uma vida resolvida e livre, uma vida que flui em plena luz do dia; e de repente, numa esquina qualquer, ou numa banca de jornal, ou numa lojinha empoeirada, ou no *hall* de um hotel já velho com abajures e tapetes, um segundo ser aparece

O ator   **163**

diante de seus olhos, alguém de quem ele se aproxima com sentimentos comuns e pacatos, sem alarme, como quando nos embrenhamos por trilhas calmas e arborizadas para um passeio tranquilo.

Esse segundo ser, um amigo da juventude, uma mulher conhecida no passado ou simplesmente um desconhecido que desperta sua atenção ou piedade, o conduz lentamente para fora de sua luminosidade diária em direção a uma noite desconhecida, fria e tortuosa como uma zona do inferno. Então compreendemos que a banca de jornal, o *hall* imerso na penumbra rósea, a lojinha das mercadorias adormecidas eram a porta do inferno. Damo-nos conta de que, na verdade, um estranho medo pesava sobre aqueles lugares.

A realidade desconhecida que o narrador adentra pelos passos daquele segundo ser que lhe inspira ao mesmo tempo piedade, repulsa e uma curiosidade aguda, é uma realidade na qual não há seres livres, pois cada um é escravo de uma conspiração tétrica e incontornável; uma trama sutil de dinheiro e obsessões sexuais governa e opera nesse mundo noturno, move os humanos e os amarra aos pés de um poder ambíguo, frio como a morte e indecifrável.

Nesse mundo noturno pesa a suspeita de que o mal não se encontra ali onde os fatos parecem identificá-lo e situá-lo, nas faces debochadas e indignas daqueles que chamamos de malvados; mas em outro lugar, em um ponto muito distante, onde não percebemos nada além de seus ecos e lampejos; ou então talvez muito próximo: nas dobras secretas de nossa própria alma.

O narrador se sente subitamente envolvido em uma espécie de cumplicidade sinistra. A presença do mal em um mundo assim tão próximo ao nosso nos transforma em sintomas e cúmplices do mal; se somos amigos e testemunhas do mal, talvez sejamos o próprio mal. Essa face ao mesmo tempo familiar e misteriosa que se aproximou da nossa, a mão que nos conduziu ao terreno infernal, talvez sejam nossa própria mão e nossa própria face.

Em *L'attore* [O ator], último romance de Soldati, o narrador, após ter encontrado um amigo da juventude e tomado conhecimento de suas dificuldades financeiras causadas pela mulher, viciada em jogo, vai procurar essa mulher em sua propriedade em Bordighera. O aspecto abandonado da propriedade, a decadência e o silêncio em que o lugar está imerso agravam a sensação de angústia com que lá chegamos. Nas dificuldades financeiras que o amigo relatou, desconfiamos de mentiras e conspirações. Um dos dois cônjuges é vítima do outro, mas ignoramos quem é a vítima e quem é o assediador. Quando aparece a esposa, com seu fresco dialeto triestino e sua presença generosa, cordial e bem-humorada, a angústia se dissipa. Sentimo-nos aliviados e seguros. Nessa mulher, o vício do jogo parece uma mania inocente, de alguma forma leve e límpida, algo de que se pode falar em voz alta, em plena luz do dia, em dialeto triestino. Seu afeto pelo marido é repleto de piedade e ironia. O marido, «pòvaro mona d'un vecio»,[12] costuma apaixonar-se pelas empregadas. Tal fraqueza em si também é inocente, talvez só um pouco perigosa. Todavia, qualquer vago sinal de alarme evapora com as risadas cordiais da mulher, intensas, generosas em sua ternura. O narrador está prestes a ir embora aliviado.

Nesse momento, escuta-se a voz da empregada. A empregada dirige-se à mulher em um tom de prepotência familiar e brutal. A angústia volta, e a suspeita de um poder nebuloso. Espiando pelas janelas, o narrador vê a criada. Seus traços são comuns e graciosos, sua pessoa é ao mesmo tempo

---

12   Algo como «pobre velhote infantil», em dialeto triestino. [N. T.]

O ator

banal e misteriosa, de uma juventude obstinada e frágil, talvez compelida, sem vontade, a um papel cruel. A angústia surge por não sabermos onde está o mal, de qual ponto vêm as armadilhas e as conspirações do mal. A garota será encontrada morta, vítima predestinada e incauta de uma armação. Vemos lentamente que entre a mulher, a garota e o homem foi tecida uma trama engenhosa e industriosa, que os envolveu e os levou à deriva. Essa trama nasceu das profundezas de um sentimento amoroso ao mesmo tempo tortuoso e simples, que se constrói sobre conjecturas e insídias com uma espécie de inocência nebulosa. Talvez o mal não esteja situado em meio a esses seres, mas ainda em outro lugar, na figura de face «dura e frívola» que aparece e desaparece por trás deles e que parece vencer. Todavia, permanece a dúvida de que até a face «dura e frívola» não seja nada, que não seja ela o real artífice de armadilhas e desgraças, que não seja uma víbora, mas um pobre ratinho. Talvez seu triunfo seja banal e casual, talvez não seja nada mais do que o nado cego e sem memória de uma enguia cinza, o canto de uma rã no pântano. As tramas do mal estão profundamente imersas na noite. A única libertação possível para os seres humanos é perseguir as sombras fugidias sobre a terra, espiar e interrogar infinitamente os rastros do real, trazer à luz do dia os poucos indícios roubados no coração de uma noite impenetrável.

Junho, 1970

Teatro é palavra

Uma pessoa me diz: Goldoni faz teatro burguês. Respondo que isso me parece uma tolice sem tamanho. Ela diz: Você não entende nada de teatro. Sua concepção de teatro é reacionária, conservadora, burguesa. Respondo que não tenho concepção de teatro nenhuma. Mas que mesmo assim detesto o adjetivo «burguês». Tenho a impressão de que seja usado a torto e a direito e de modo impróprio. Essa conversa aconteceu por telefone, alguns dias atrás, às onze da noite. Ela diz: Quando vamos ver Goldoni no teatro, é como ir visitar um museu. É teatro de tipos; teatro de palavras. Era destinado a uma sociedade que não existe mais. Visitamos Goldoni como visitamos um museu; isto é, como quando contemplamos objetos preciosos, mas de outra época, protegidos do tempo e conservados sob vidro. Mas Shakespeare, me diz, não é isso. Shakespeare não é teatro de palavras. Tanto é verdade que Shakespeare não dava nenhuma importância a seus textos escritos, escrevia-os para que fossem interpretados. Ele os considerava simples esquemas para atores. Respondo que era esta a grandeza de Shakespeare, oferecer suas palavras sem medida, não porque as amasse, mas porque sabia que as tinha em abundância dentro de si e que, portanto, podia oferecê-las a todos. Era sem medida como o mar.

Diz que, de todo modo, o teatro vivo, o teatro atual, não é mais teatro burguês porque a burguesia está cheia de sentimento de culpa e por isso se cala. Respondo que não apenas a burguesia, mas todo o universo está cheio de sentimento de culpa e por isso se cala ou se expressa com dificuldade. Diz que, de todo modo, o teatro vivo, o teatro atual, não é mais teatro de palavras, é teatro gestual e sagrado, voltou a ser como antigamente era o teatro, quando ainda não existia a burguesia. O resto é museu. Respondo que quando ouço palavras como «teatro gestual e sagrado» sinto um tédio profundo. Diz que também sente tédio ouvindo tais palavras. Pergunto como é possível, visto que as considera verdadeiras. Responde que não sabe.

Digo: termos como «burguês», «novo», «velho», «atual», «inatual» quando referidos a Goldoni não têm nenhum sentido. Podem servir para ilustrar não Goldoni, mas Giacinto Gallina. Goldoni era um poeta. Um poeta nunca destina sua obra a uma sociedade; sabendo ou não, ele a destina ao homem. As comédias de Goldoni refletem, sim, as estruturas da sociedade em que vivia, mas a essência de sua obra não está nesse reflexo efêmero e transitório. Se assim fosse, seria Giacinto Gallina. Pergunto-lhe se também vê Tchekhov como se estivesse em um museu. A sociedade de Tchekhov também não existe mais, está morta. Diz que não. Tchekhov é como Shakespeare. Parece teatro de palavras, mas não é. É como Shakespeare. Não me dá explicações.

Digo que acho que estamos com as ideias confusas. Diz que é verdade.

Desligo o telefone e penso que a única coisa que acredito saber com absoluta certeza é a seguinte: que entre Goldoni e Shakespeare a única diferença verdadeira é que Goldoni é um poeta muito menor. Porém, é um poeta. As palavras «*Deboto xè finìo carneval*»,[13] que abrem *I quattro rusteghi* [Os quatro rústicos], escancaram diante de nós uma realidade desconhecida e inviolada, assim como acontece quando ouvimos dizer «Garanto que não sei por que estou triste»,[14] frase que inicia *O mercador de Veneza*. Sendo Goldoni um poeta menor, ele nos faz amar um mundo mais exíguo, um ângulo do universo que percorremos com um olhar rápido; entre Goldoni e Shakespeare há a mesma diferença que existe entre o mar e um laguinho na montanha. Olhando o lago, amamos suas águas e também os peixes que ali nadam, as margens relvadas, as cabras que bebem sua água; olhando o mar, a vista se perde diante de ondas turbulentas e selvagens, de nuvens altas e solenes, do horizonte infinito.

Seja lendo ou vendo Goldoni no teatro, nunca temos a sensação de mergulhar os olhos no infinito. Temos a sensação de adentrar uma realidade doméstica, clara, exígua, nítida e precisa. Amamos sua minúcia, sua graça, sua fragilidade e sua medida. É como descobrir um pequeno lago, azul, fresco e límpido, que se abre em meio a bosques e rochas. Enquanto o olhamos, não importa que seja pequeno, pois ele nos dá prazer, e não pedimos que seja infinito, diante dele não sentimos nenhuma nostalgia do mar. Não nos incomoda que ele não seja infinito simplesmente porque, mesmo não sendo infinita aquela porção de universo oferecida, o prazer que sentimos ao contemplá-la o é. Se diante dele sentimos uma espécie de frustração, se acreditamos perder tempo ao fixar o olhar em um pequeno espelho d'água, nós, que fomos feitos para plainar sobre visões selvagens e trágicas, sobre mares e céus trovejantes e revoltos, então quer dizer que amamos mal

---

13   Dialeto veneziano. Em italiano, «di botto e' finito il carnevale»; em português, «de repente acabou o Carnaval». [N. T.]

14   Tradução de Barbara Heliodora, Nova Fronteira, 2011. [N. E.]

Teatro é palavra

e muito pouco tanto esse pequeno lago quanto os oceanos e o universo inteiro.

Goldoni nunca é cruel. Mas não ser cruel não quer dizer que ele seja amaneirado e afetado. Quer dizer simplesmente que é brando. Disseram que teatro é crueldade, que sem crueldade não há teatro. Que o público deve se sentir ofendido, angustiado, dilacerado, deve sangrar e afligir-se profundamente. Confesso não entender. Penso que às vezes o teatro pode nos ferir, às vezes, não. Penso que ele não deve ser diferente da poesia. A poesia às vezes nos angustia, às vezes não. As palavras «*Sento dai lacci tuoi/ sento che l'alma è sciolta*» [Sinto que minh'alma/ está livre de teus laços] que abrem um maravilhoso poema de Metastasio, nos fazem adentrar uma realidade que não tem nada de cruel, uma realidade de harmonia, de medida e de graça, na qual desfrutamos de um prazer simples e límpido, como se nos abaixássemos para olhar um veio de água fresca e mansa que escorre por entre as pedras. Diante do *Inferno* de Dante, um prazer imenso, trágico, dilacerante e cruel nos deixa transtornados. E sentimos que estamos suspensos na infinidade do espaço. Mas esse poema de Metastasio está aí, sem espaço, sem infinito, sem nada além da graça de suas estrofes. Como um lago, ou um jardim. Goldoni é como Metastasio, e Shakespeare é como Dante. Desprezar Goldoni, chamá-lo de «evasão burguesa» porque diante dele não ficamos agoniados ou dilacerados, e sim encantados, deliciados e enlevados, parece-me um dos tantos desatinos que hoje circulam entre nós e que talvez tenham sido gerados pela nossa infelicidade. Sendo infelizes, queremos vislumbrar em tudo que nos rodeia visões trágicas, sanguinolentas e solenes, e não sabemos mais festejar a fragilidade, a delicadeza e a medida.

Disseram também que, no teatro, «o público deve estar envolvido». Acho que essas palavras geraram confusão. «Estar envolvido» pode, no fundo, significar simplesmente estar à mercê da atenção. Não significa que o público necessariamente tenha de se misturar aos atores, subir no palco, gritar, ou que os atores tenham de se misturar ao público e levantar poeira, causar burburinho e tumulto. O que amo no teatro não é muito diferente do que amo e procuro nos romances ou nos versos que leio ou de que me lembro na solidão. No teatro, amo ficar sentada, imóvel, olhar e escutar. Acredito que a poesia e o teatro demandem o mesmo. Acredito que demandem imobilidade absoluta, abandono completo, atenção plena, silêncio profundo.

Devo dizer, porém, que depois que afirmei que «teatro é palavra», fui ver *Ferai* com aquela pessoa de quem falei antes. *Ferai* é uma tragédia dinamarquesa cujo diretor é pugliese e se chama [Eugenio] Barba. Tinha ouvido falar bastante dele. Eram apenas sessenta lugares por noite, pois o diretor (Barba) não quer que esse número seja excedido. O espetáculo era apresentado na Galeria de Arte Moderna. Confesso que prefiro os teatros de verdade, e não garagens, pavilhões, galerias de arte. Talvez eu seja reacionária. Quando entramos na sala, vi um círculo de cadeiras, nenhum palco, trapos no chão e um grande ovo de marfim. Pensei «Meu Deus, que tédio». Sabia que a peça seria em dinamarquês e que, portanto, eu não entenderia nada. As linhas gerais da trama, que tinha lido no programa, pouco me diziam. Mas assim que os atores entraram e começaram a representar ao redor daquele ovo, tive a impressão de que algo extraordinário estava acontecendo. Foi maravilhoso. Ainda me pergunto o que havia de tão bonito. Eu não entendi. Não sei se a dor e a beleza vinham da história, que entendi mal e de modo confuso, ou das vozes dos atores, ou dos gestos. Estávamos lá, sessenta pessoas imóveis, boquiabertas e tomadas de uma

Teatro é palavra

emoção feliz e profunda, na presença de algo que era ao mesmo tempo dor, fantasia e pensamento.

E então, quando saímos, aquela pessoa se sentia triunfante e disse que eu agora finalmente entendia que teatro não é palavra. A não ser pelo fato de que as palavras que tínhamos ouvido estavam em uma língua que desconhecíamos, ambos tínhamos a clara sensação de que o texto e a trama não teriam sido nada se não tivessem sido recitados por aqueles atores, e por trás deles aquele Barba. E no entanto eu tinha a impressão de que eram justamente palavras que haviam chegado a nós, naquela noite. A nós foi transmitida dor, fantasia e pensamento. Disse à pessoa que nem ela nem eu sabíamos o que era o teatro. Disse-lhe que apesar de eu ter gostado tanto de *Ferai*, não via por que uma coisa anulava a outra. Não via por que devia ser proibido amar também um outro tipo de teatro. Aquele que hoje definem como «inatual». E mesmo amando *Ferai*, ainda quero me sentar em um pequeno teatro, em uma poltrona, na penumbra e no silêncio, olhando fixamente a cortina que se abre e ouvindo as inesquecíveis palavras: «*Deboto xè finìo carneval*».

Junho, 1970

Bigodes brancos

Aos onze anos, soube que iria à escola sozinha. A notícia me causou um desconforto tremendo, mas não disse nada e escondi minha decepção com um sorriso largo e falso, pois já fazia algum tempo que eu tinha criado o hábito de me calar e sorrir quando percebia em mim sentimentos que considerava sem valor.

Eu nunca tinha saído sozinha; e nunca tinha ido à escola, pois tinha feito o primário em casa. Professoras vinham em casa me dar aula: professoras que minha mãe trocava com frequência, pois eu adormecia e ela queria uma que me mantivesse acordada. A última foi uma jovem senhorita com seu chapéu de feltro; quando, após longa hesitação, eu dava a resposta certa, ela costumava dizer «*Te deum*», e falava tão rápido que eu ouvia «tedem», e por muito tempo não consegui entender o que era esse «tedem» murmurado por entre os dentes. De qualquer forma, graças à professora Tedem consegui passar nos exames.

Minha mãe me informou que havia me matriculado «no *ginasio*»: ela pronunciava essa palavra com um só N.[15] O *ginasio* era o lugar onde eu fazia os exames; como era pertíssimo de

---

15 A palavra em italiano é *ginnasio*, e a consoante dupla gera pronúncia diferenciada. [N. T.]

casa, eu deveria ir sozinha e voltar sozinha, porque tinha que deixar de ser o que eu era, isto é, «uma inútil». Eu era «uma inútil» por várias razões. Não sabia me vestir sozinha nem amarrar os sapatos; não sabia arrumar a cama nem acender o gás, não sabia tricotar, apesar de várias vezes terem colocado agulhas em minhas mãos; além disso, era bastante desorganizada e deixava minhas coisas por aí, como se tivesse «vinte serviçais», dizia minha mãe, quando havia meninas da minha idade que lavavam e passavam roupa e cozinhavam refeições inteiras.

Pensei que ir sozinha à escola não me faria deixar de ser «uma inútil». Àquela altura eu seria para sempre uma inútil. Ouvi meu pai declarar que eu seria uma inútil para sempre; e que a culpa não era minha, e sim de minha mãe, que tinha me criado mal e me mimado demais. Também pensei que a culpa era de minha mãe, e não minha, mas isso não me consolava pois eu não era como aquelas meninas espertas e invejáveis, que passavam e remendavam lençóis, sabiam como usar sabão e dinheiro, tinham a chave de casa e pegavam o bonde sozinhas. Uma distância imensa e irremediável me separava delas. Além disso, não havia nada em que eu fosse boa: não era esportista, não era estudiosa, não era nada, e, de repente, aquilo que eu já sabia havia muito tempo, pois em casa haviam repetido várias vezes, passou a ter ares de uma grande desgraça.

Meu pai, ao contrário, não queria que eu saísse sozinha. A empregada deveria me acompanhar à escola, até porque, como ele sempre dizia, «ela não tinha mais nada para fazer». «Ai de você se ela for sozinha para a escola», gritou para minha mãe; e minha mãe lhe garantiu que a empregada sempre me acompanharia. Ela mentia; e eu percebi. Sabia que de vez em quando diziam mentiras a meu pai: era necessário, porque ele tinha «uma personalidade muito difícil», como dizia minha mãe, e as mentiras serviam para dar a todos nós um pequeno descanso, para nos resguardar de todas as suas ordens e proibições. No entanto, eu já havia percebido que as mentiras ditas por meus irmãos a meu pai tinham certa probabilidade de duração, enquanto as mentiras da minha mãe nasciam enfermas de uma fragilidade profunda e se extinguiam em um dia. Quanto a mim, eu não mentia para meu pai simplesmente porque não tinha coragem de dirigir-lhe a palavra: tinha um medo sagrado dele. Se ele me perguntava alguma coisa, eu respondia tão baixo que ele não entendia e gritava que não tinha entendido; então minha mãe lhe dizia o que eu havia dito e minhas palavras, na voz dela, me pareciam deploráveis; eu abria um sorriso largo e bobo: o sorriso que se abria em meu rosto quando eu tremia de medo e de vergonha de sentir medo.

Eu tinha certeza absoluta de que meu pai logo descobriria que ninguém me levava para a escola; sua cólera costumava se abater sobre as mentiras da minha mãe com a fúria de uma tempestade, e eu odiava ser a origem de uma briga entre meus pais: era a coisa que eu mais odiava e temia no mundo.

Pensei que minha vida passada, quando eu não ia à escola, havia sido muito feliz. Claro, era a vida de uma inútil, mas como eu a amava em minha lembrança. Eu levantava tarde e tomava banhos longos e quentíssimos, desobedecendo meu pai, que exigia e acreditava que eu tomasse banhos frios em todas as estações. Depois, passava um bom tempo comendo pão e frutas; e com um pedaço de pão começava a ler, deitada no chão, de bruços. De vez em quando dizia a mim mesma que, dentre as piores coisas que poderiam me acontecer, uma delas seria meu pai desistir de trabalhar em seu instituto, onde ele passava os dias vestido com seu jaleco cinza; e trazer suas coisas para casa, o jaleco, o microscópio e as lâminas com as quais ele estudava; e então todas as coisas que eu fazia de manhã seriam proibidas, do banho quente às leituras no chão comendo pão. Eu não era estudiosa. Meu pai não se interessava por meus estudos, pois tinha, como sempre dizia, «outras coisas na cabeça»; no entanto, ficava preocupado com os estudos do meu irmão, alguns anos mais velho do que eu, «que não tinha vontade de fazer nada», coisa que o deixava «possesso». De vez em quando minha mãe lhe informava que eu «não entendia a aritmética», mas a notícia não parecia abalá-lo. Costumava, porém, enfurecer-se contra «o marasmo» em geral; e minhas manhãs eram de puro marasmo, eu sabia e ficava pensando nisso enquanto comia pão e lia romances, com um leve sentimento de culpa e um enorme prazer.

Quando a professora chegava, eu levantava com os joelhos formigando e a cabeça confusa; sentava com ela à mesa e mostrava meus deveres incompletos e errados. Ela ficava brava e gritava, mas eu não tinha medo: já acostumada aos acessos de cólera de meu pai, os gritos da professora Tedem me soavam como o arrulhar de um pombo. Eu olhava seu chapéu de feltro, suas pérolas, seu *foulard* de seda; nenhum sopro de medo me atingia vindo de seu coque preso com pinças de tartaruga, da bolsa que ela havia deixado sobre a mesa e que parecia com a de minha mãe. Para mim o terror tinha os traços do meu pai: sua testa franzida, suas sardas, sua face longa, enrugada e encavada, suas sobrancelhas encaracoladas e desgrenhadas, seu turvo cabelo ruivo à escovinha.

Quando fui para a escola, minha vida repentinamente mudou. Fazia pouco tempo que tinha aprendido a ler as horas, pois até então não tinha tido necessidade de saber que horas eram. Agora, quando eu me levantava, olhava mil vezes as horas, um pouco no despertador, que ficava na cômoda, um pouco no grande relógio que ficava na esquina da minha rua, exatamente em frente à minha janela. Eu odiava aqueles relógios. Aos poucos, minha vida foi preenchida por coisas que odiava. Quando acordava, com imensa tristeza subia a cortina e espiava a rua que me esperava, ainda escura, deserta, com o relógio iluminado por um fraco lampião. Tinha de ir sozinha à escola, assim decidira minha mãe. Poderia ter contado tudo a meu pai, mas logo descartava a ideia, assustada. Teria dado início a uma série de tormentas, que se abateriam também sobre mim. Estranhamente, a mentira da minha mãe acerca da empregada que me acompanhava persistia: era uma de suas raras mentiras dotadas de força vital.

Eu detestava a bacia de porcelana no meu quarto, na qual me lavava mal e pouco, brincando com o sabonete frio; odiava chegar no corredor e talvez encontrar meu pai, nos dias em que ele estava atrasado, e ouvir suas exclamações desfavoráveis sobre a minha pessoa: sobre minha camisola, que ele achava ridícula, sobre minha cara de sono e sobre minha palidez. Ele gritava essas coisas para minha mãe, que ainda estava na cama e respondia balbuciando baixinho. Minha grande preocupação era que ele ainda se demorasse em casa e me visse sair *sozinha*. Ficava aliviada quando o via se paramentando com seu enorme impermeável, a boina basca na cabeça cor de fogo, e sair batendo a porta de vidro, que ficava um bom tempo tremendo. Na sala de jantar a luz ficava acesa e ainda viam-se sinais da passagem de meu pai: o cheiro de seu cachimbo, a chaleira sobre a mesa, o tubinho de pasta de anchova e um pedaço de gorgonzola num pratinho florido, a cadeira fora do lugar e seu guardanapo jogado ao lado da xícara de chá. Achava esses hábitos detestáveis; não entendia como ele podia comer gorgonzola de manhã tão cedo. Eu engolia dois goles de café com leite morno: minha mãe queria que eu «engolisse alguma coisa quente» antes de sair. A empregada me dava um pacotinho com pão, manteiga e anchovas, e eu guardava no bolso do casaco: era o que minha mãe chamava de «lanchinho», que eu comeria no meio da manhã, durante o intervalo.

«Já engoliu alguma coisa quente?», minha mãe perguntava, da cama. Eu não respondia; castigava-a com um silêncio frio. Eu a castigava por me mandar sozinha à escola, por ter comprado uma caneta-tinteiro que deixava a tinta vazar, por me fazer usar um casaco que ela considerava «ainda bom», mas que eu achava horrível; eu a castigava porque dizia «lanchinho», porque dizia *ginasio* com apenas um N e porque não tinha «dia de visita» como tinham, conforme eu ficara sabendo com profunda desolação, todas as mães de minhas colegas. Eu a castigava: ia embora sem lhe dar um beijo.

«Tomar alguma coisa quente antes de sair» e «não falar com ninguém na rua» eram as duas coisas que minha mãe repetia várias vezes ao longo do dia. A rua costumava estar carregada de névoa, hostil e silenciosa como nunca. Queria correr, mas não corria, porque era muito cedo e eu chegaria à escola antes de todos, e também porque temia parecer ridícula. Caminhava com minha pasta e o atlas. O cadarço desamarrava vinte vezes, e vinte vezes eu parava para amarrar. Quando chegava à avenida, esperava bastante tempo antes de atravessar, pois nunca sabia qual era o momento certo; enquanto isso pensava que se eu acabasse embaixo de um bonde, e talvez morresse, minha mãe choraria eternamente por sua grande falta de consideração. Pelo que eu entendi, foi minha irmã que a convenceu a me mandar ir sozinha para a escola: porque eu era, talvez ela tenha dito, «uma grande inútil», e eles me davam uma educação «frouxa»; várias vezes ouvi minha irmã criticar duramente a minha educação. Não guardava rancores de minha irmã: todo o rancor era destinado à minha mãe, que tinha feito de mim uma inútil para depois me abandonar na rua.

Não me pergunte jamais

Na escola, nenhum rosto amigo me acolhia, porque eu ainda não tinha feito amizade com ninguém. Isso para mim era inexplicável. Não sabia se era culpa do meu casaco, ou do meu gorro, ou do quê. Meu casaco era xadrez de verde e preto; de lã inglesa, minha mãe dizia, mas para mim não importava que fosse de lã inglesa: era velho, eu o usava havia três anos, era curto, sobrava um palmo do saiote para fora, mas isso acontecia também com as outras. Meu gorro era de lã de angorá amarelo; era um gorro novo, caro, mas talvez fosse esquisito, eu o usava de lado, achatando uma orelha. Minhas meias não eram boas. Eram marrons, de algodão cotelê; as outras usavam ou meias brancas curtas, se eram mais novas ou mais baixas do que eu, ou meias transparentes, de seda. Minha mãe dizia que não gostava de meninas com meias de mulher; e minha irmã concordava. No entanto, eu não achava nada adequadas essas meias de algodão cotelê, pois *ninguém* mais as usava; depois vi que tinha uma menina que usava, mas ela era de outra classe; na minha classe *ninguém* usava meias assim, como eu incansavelmente repetia a minha mãe, já de volta em casa. Ela respondia que havia comprado vários pares e agora não podia «jogá-las fora»: resposta que me parecia de uma tolice extrema.

A única pessoa na escola que parecia se lembrar de minha existência era o professor. Alto, velho, um pouco encurvado, rosto rosado, de cavanhaque. Gostei muito dele desde o primeiro dia, pois quando cheguei perto de sua mesa para apanhar uma caneta que tinha deixado cair, ele sorriu para mim. Meu amor por ele era imbuído de medo. Às vezes ele tinha um rompante de fúria e gritava porque a turma fazia barulho: batia os punhos na mesa, o tinteiro tremia. Mas eu tinha a impressão de que meu medo não vinha de seus ataques de fúria, mas de outro lugar, não sabia de onde. Ele era o dono daquele lugar: era sua a lousa, era seu o giz, era seu

Bigodes brancos

o mapa da Itália atrás dele; aqueles objetos envenenavam a sua pessoa e a sua pessoa os envenenava; o terror expandia-se partindo de seu alvo lenço de linho, de seu cavanhaque. Eu sabia que ele conhecia a prof. Tedem e que ela havia lhe falado de mim; por isso, se era gentil comigo, talvez fosse porque eu tinha sido «indicada», e não por simpatia; mas sua benevolência, apesar de ofuscada por essa desconfiança, me seduzia e me consolava. Decidi estudar por ele. Não gostava que ele me visse lá sem amigas, sozinha no banco, sozinha no intervalo, comendo; que toda manhã pousasse seu olhar em minha solidão. Queria que ele me visse triunfante, feliz e radiante; assim como queria entregar-lhe meus cadernos sem erros. Minha solidão e minha ignorância pareciam formar algo único em minha pessoa: uma coisa pesadíssima, entre uma culpa e uma desgraça, que eu arrastava por todos os lados, uma carga que não conseguia abandonar.

Enfim, acabei por acreditar que se ninguém fazia amizade comigo era por causa do famoso «dia de visita»: dia em que as mães recebiam as outras mães e tomavam chá com biscoitos; enquanto isso as crianças brincavam e bebiam xícaras de chocolate quente. Minha mãe não fazia esse «dia de visita», nunca o havia feito. Suas amigas iam visitá-la quando dava; e ela as recebia onde dava, em seu quarto, na varanda ou na área de serviço, onde batia papo, sentada sobre a mesa, com a costureira modista; raramente oferecia a essas amigas uma xícara de chá. Quanto às mães das minhas colegas, ela não as conhecia e não se preocupava em conhecê-las. Na sala de aula, eu ouvia minhas colegas comentando aquelas tardes, falando dos biscoitos, ouvia-as falar dos chapéus e dos vestidos das mães, e dos móveis das salas; conversas que eu me sentia incapaz de ter: não entendia nada de móveis, nem de chapéus, e além disso, ai de mim, nem eu nem minha mãe nunca seríamos convidadas a ir àquelas casas. Aliás, eu nem mesmo sabia se queria que minha mãe participasse daqueles chás, pois minha mãe de repente poderia revelar coisas que para mim eram vergonhosas: que nós não éramos religiosos, ou que éramos antifascistas. Por causa da não religião de minha família, eu sofria desde a mais remota infância; mas sermos antifascistas sempre me fez sentir bastante orgulho; agora, no entanto, isso figurava como outra desesperadora complicação. Duas vezes por semana eu voltava à escola à tarde para a aula de ginástica. Na primeira vez, fui vestida como sempre, e a professora de ginástica, uma velha senhora com um chapéu enorme na cabeça, cinza e peludo, disse que eu deveria ir «uniformizada». Na vez seguinte, minha mãe foi falar com ela e lhe explicou que eu não estava inscrita nas «pequenas italianas», não tinha uniforme. A professora respondeu que mesmo assim eu deveria ir para a ginástica de saia preta plissada e camisa branca de piquê, e disse que poderia encontrar esse tipo de camisa e de saia em uma loja na via Bogino, onde vendiam uniformes para pequenas italianas e *balilla*.[16] A palavra «via Bogino» me causava inquietação e tristeza. Minha mãe foi um dia sozinha até a via Bogino; me contou que pediu uma camisa e uma saia, e a atendente disse: «É para uma pequena italiana, certo?». Ao que minha mãe respondeu: «Não, não, é para fazer *ginastica*»,[17] e a atendente a olhou torto.

«É para uma pequena italiana, certo?», «Não, não, é para fazer *ginastica*», eu repetia para mim mesma, irritada. Tinha a impressão de que esse diálogo acabaria se espalhando até chegar à minha escola. Vesti com raiva a saia preta plissada e a camisa de piquê; a saia era idêntica às que minhas colegas

---

16   *Pequenas italianas* e *balilla*: garotas e garotos de oito a catorze anos inscritos nas organizações juvenis de política e educação fascista. [N. T.]

17   Com um N: a grafia em italiano é *ginnastica*. [N. T.]

usavam nos dias de ginástica, mas na minha camisa não havia o distintivo do *fascio*, que todas as outras haviam costurado por cima do bolso. Em minha vida sempre almejara combater o fascismo, percorrer a cidade com uma bandeira vermelha, cantar nas barricadas coberta de sangue; o estranho para mim era que eu não estava abandonando esses sonhos, mas a ideia de estar lá, na aula de ginástica, sem o distintivo, diante daquela professora de cara rabugenta embaixo daquele enorme chapéu, me parecia uma triste humilhação.

As horas de ginástica eram o momento mais terrível de minha vida. Não conseguia nem subir nas barras nem saltar. Eu não era esportista: tantas vezes haviam repetido em casa que eu «não era esportista» que agora, quando me via embaixo de uma barra, me sentia de chumbo. Quando pequena, havia frequentado um clube de ginástica, de ginástica sueca; eu era a melhor de todas. Como aqueles dias me pareciam felizes e distantes! A professora do chapéu enorme entregou a cada uma de nós duas «maças»: deveríamos levá-las para casa e fazer os exercícios também em casa, na frente do espelho. Tínhamos de girar aquelas duas maças dizendo: «Molinete, molinete, círculo, quatro». Que palavras mais ridículas! Elas infelizmente ficavam cantando em minha cabeça o dia inteiro: traziam para o meu coração, sem trégua, o enorme chapéu cinza e peludo em forma de cilindro, a boca rabugenta que me detestava e que eu detestava, porque eu virava para a direita quando deveria virar para a esquerda, porque eu não usava o distintivo, porque no dia do ensaio no estádio, no fim do ano, eu a faria passar vexame, como ela mesma me disse, cobrindo-me e cobrindo-a de vergonha.

Certa manhã, enquanto estava parada na avenida esperando para atravessar, um senhor surgiu de dentro da neblina e me cumprimentou. Era um senhor baixo, sorridente, com bigodes brancos. Eu o confundi com um conhecido de meu pai, um certo prof. Sacchetti, que eu sabia que morava por aqueles lados, assim, também o cumprimentei; ele me deu o braço e atravessou a avenida comigo. Perguntou-me quantos anos eu tinha. Em seguida, fez uma pergunta que achei estranhíssima: me perguntou se eu «tinha um papai». Entendi então que certamente não se tratava do prof. Sacchetti: na mesma hora vi a imagem de meu pai diante de mim, imensa e cheia de cólera. Eu estava caminhando de braços dados com um desconhecido. Porém, não ousei me soltar, e continuei educadamente caminhado de braços dados com ele. Ele tinha um forte perfume de água de colônia e luvas cinzas com botões de pressão. A poucos passos da porta da escola, me cumprimentou tirando o chapéu e se distanciou na neblina. Uma colega minha, uma menina de franja loura, perguntou-me quem era o senhor que estava caminhando comigo. Respondi que era alguém que nunca tinha visto antes. Ela me perguntou se eu estava louca de caminhar de braços dados com alguém que nunca tinha visto. E disse que minha mãe estava errada em me fazer ir para a escola sozinha. As palavras «sua mãe está errada» me feriram profundamente. Ela sempre ia à escola com a empregada e com uma prima. Para a mãe dela, ir com a empregada era pouco. Exigia que a prima também fosse junto. Pensei que eu não tinha primas. Eu invejava tudo nela, a franja loura, a gola engomada com um laço azul, sua enorme sensatez, seu pai que era oficial do Exército, a presença de um retrato do príncipe Umberto com dedicatória em sua sala. Eu nunca tinha visto aquele retrato, mas tinha ouvido falar dele graças às meninas que haviam ido a sua casa.

Uma culpa amarga se abateu sobre mim. Eu havia feito o que minha mãe sempre dizia para não fazer. Eu tinha «falado com um desconhecido». A lembrança de nossa conversa, educada e submissa, pareceu-me terrível. Já tivera, no passado, vários encontros amedrontadores, em parques públicos, no cinema, mas nada me pareceu tão inexplicável quanto aquelas luvas com botões de pressão e aqueles bigodes educados.

Olhava o professor dando aula e me pareceu que em suas bochechas rosadas, nas têmporas enrugadas e grisalhas, ele guardava uma longínqua semelhança com o homem dos bigodes brancos.

O estranho era que me parecia completamente impossível contar à minha mãe que eu havia caminhado e conversado com aquele senhor. E percebi que desde que havia passado a ir à escola, minhas conversas com minha mãe tinham se tornado tão mínimas e distraídas que não comportavam frases longas. Agora eu costumava empregar um tom desdenhoso, mordaz e truncado com ela. Naquele tom mordaz, não seria de forma alguma possível nem lhe confessar um erro, nem pedir ajuda.

Eu deveria ter me livrado daquele meu desdém. Mas livrar-me dele, mesmo que apenas por um minuto, era impossível: eu sentia como se estivesse com uma camisa de força. Perguntei-me o que é que tinha me acontecido, para que de repente eu passasse a desprezar minha mãe.

Pensei em me abrir com minha irmã. Ela era casada e morava em outra cidade, mas às vezes vinha nos fins de semana. Ela e minha mãe ficavam conversando na sala, e minha mãe sempre chorava, pois lamentava que minha irmã tivesse saído de casa. Sentia-se só, velha e inútil. Minha irmã a consolava, e eu me sentia excluída de tudo isso; quando entrava, me diziam para sair. Não gostava de ver minha mãe chorando com tanta frequência e pensei que talvez por isso a desprezasse: por suas lágrimas, que derramavam insegurança e melancolia em minha vida. Se queria falar com minha irmã, teria de chamá-la ao meu quarto. Mas, para mim, fazer isso era complicadíssimo. Minha solidão era tremenda, não havia pessoa no mundo com quem me fosse fácil falar dos bigodes brancos.

Decidi ir sempre correndo para a escola. Eu o via sempre por ali, todas as manhãs, na esquina do quarteirão, de frente para a avenida: tranquilo, sorridente, gentil, com seu sobretudo escuro, a echarpe de seda, o chapéu levantado para o cumprimento; eu passava na frente correndo como uma lebre. Sem fôlego, me apoiava no portão da escola. Também na saída eu o reencontrava. Então, depois de algum tempo, não o vi mais. Tinha desaparecido.

Parecia-me, no entanto, que ele ofuscara a cidade inteira. Venenoso e oculto, ficava à espreita em uma rua desconhecida qualquer, com seus bigodes e suas luvas. Eu repetia às vezes para mim mesma, com sua voz gutural e cortês: «Você tem papai? Mas então você tem um papai?».

Finalmente deixei de ter medo. Mas fiz dele um símbolo de todas as coisas que me eram desconhecidas e me inspiravam terror. Ele era tudo: era a matemática, que eu não entendia, e que minha mãe, sempre inadequada, continuava chamando de «aritmética»; era o Mínimo Múltiplo Comum e o Máximo Divisor Comum; era minha vida fora de casa, na neblina, longe da minha mãe; era a minha solidão, a minha inaptidão para fazer amigos, a minha dificuldade com os deveres, o meu desgosto em crescer, a melancolia que me assolava quando a cidade ficava escura, quando pela janela eu olhava as ruas tristes e noturnas. Durante um tempo a cidade havia sido clara e simples, como se fosse minha casa: feita de ruas e estradas onde eu brincava, corria atrás dos cães, apanhava lagartas e as guardava dentro de uma caixa de sapatos, me apoiava na ponte com minha mãe e olhava os barcos, observava os trens dos viadutos. Agora, aquela cidade que eu havia habitado como uma casa, ou como um quarto,

Bigodes brancos

revelava-se desconhecida, enorme e melancólica: os antigos lugares festivos e felizes estavam submersos e destruídos. Na infância eu não conhecera a tristeza: conhecera apenas o medo. E agora eu enumerava para mim as coisas que haviam me assustado muito na infância: um filme em que um homem chamado Cian aparecia sentado com uma faca; a faca era usada para cortar o pão, mas depois matava alguém; e como meu pai muitas vezes falava o nome do reitor da universidade, que se chamava Cian, e que ele não sofria porque era fascista, toda vez que ele dizia «Cian» eu via o pão e a faca e sentia um arrepio. Também tinha medo dos fascistas: de suas camisas negras, das faixas verdes que usavam nas pernas, de seus caminhões; e da canção «Giovinezza» e da Câmara do Trabalho, que fora incendiada; e de um chapéu masculino ensanguentado e empoeirado que uma vez vi ao lado de uma bicicleta estropiada, à beira da estrada; e de uma mulher que corria chorando e de um homem que a perseguia. Essas coisas, na infância, tinham me feito desconfiar de que houvesse, no fulgor do universo, alguma coisa obscura, mas eram apenas medos, e desapareciam por nada; para fazê-los desaparecer, bastava a voz de minha mãe ordenando as compras, ou uma promessa de diversão, ou a chegada de um convidado, ou a descoberta à mesa de um prato novo e gostoso, ou a visão dos baús, que me lembravam o verão e a viagem para o campo. Mas agora, por detrás do medo abria-se a melancolia. Eu não tinha mais apenas a suspeita, eu tinha a certeza permanente de que o universo não era claro e simples, e sim escuro, tortuoso e secreto, que por toda parte se aninhavam segredos, que as ruas e as pessoas encobriam a dor e o mal; e a melancolia não sumia nunca: não havia força que pudesse vencê-la. Podiam chegar convidados, pratos gostosos à mesa, eu podia ganhar um vestido novo, um livro novo, podia observar os baús, pensar nos

Não me pergunte jamais

trens, no campo, no verão: a melancolia me acompanhava em qualquer lugar. Estava sempre lá, imóvel, ilimitada, incompreensível, inexplicável, como um céu altíssimo, negro, ameaçador e deserto.

Julho, 1970

Lua palidasse

Aos doze anos, escrevi um poema triste no verão. Eu já havia escrito alguns outros poemas, mas não eram tristes. Escrevi aquele poema triste sentada à mesa com um amigo meu chamado Lucio. Estávamos de férias nas montanhas. Lucio tinha a minha idade, mas era três meses mais novo que eu. Quando pequena eu queria me casar com ele, então a ideia de ser três meses mais velha me desagradava muitíssimo. Parecia uma brincadeira de mau gosto do destino. Meu amor por Lucio era apaixonado e autoritário. Já ele era submisso e indiferente a mim. Quando chegava a hora em que ele precisava voltar para casa, não chorava. Nem piscava. Pegava e ia. Já eu chorava, me desesperava, me atirava no chão toda vez que ele ia embora. Um dia eu lhe disse que, se eu morresse, ele deveria se matar ou então virar padre. Ele disse que não faria nem uma coisa nem outra.

Tudo isso pertencia ao passado. Aos doze anos, eu não pensava mais em me casar com ele. Não nos víamos mais todo santo dia.

Escrevi aquele poema triste pensando que nosso amor tinha morrido. Não lembro de todos os versos, mas apenas de alguns. Diziam: «E tu, e tu,/ Não sorrias mais,/ Não vês que o amor termina/ Como o verão e as rosas,/ Como todas as coisas?»

Ele, no entanto, não sorria. Estava sentado do outro lado da mesa e também escrevia um poema. Não gostava nada de escrever, mas quando estava comigo costumava imitar o que eu fazia. Lucio escreveu um poema não triste. Chamava «Alpinos». Lembro dele todo. Dizia assim: «São alpinos/ Sob os pinos/ E uma fatia/ De salame/ Os satisfaz/ Da fome./ São alpinos e salvaram a Itália/ Dormindo nas vigílias mesmo sem palha.» Achei bonito o poema. Fiquei com inveja. Eu também gostava do meu. A respeito do qual ele não fez nenhum comentário. Era uma pessoa que raramente comentava ou expressava admiração. Levamos o poema dele para um dos meus irmãos ler, e ele apenas observou que não se dormia nas vigílias.

Copiei o meu num caderno, no qual estavam os outros que havia escrito. Era um caderno que eu escondia cuidadosamente. Não deixava ninguém ler meus poemas, exceto Lucio, quando eu os escrevia debaixo do nariz dele.

Fazia um ano que eu e Lucio estávamos no ginásio, na mesma classe. Porém, na sala de aula ele fingia não me conhecer. Eu também fingia não o conhecer. O porquê, eu não sei.

Quando nos reencontrávamos nas férias, falávamos muito da escola. Mas nós dois sabíamos que, mais uma vez, quando voltássemos às aulas, nos comportaríamos como dois estranhos, sem nunca nos cumprimentar, evitando até olhar um no rosto do outro.

No verão, durante as férias, a escola não me parecia tão horrenda como me parecia horrenda ao longo do ano. Eu não tinha nenhuma amiga lá, mas no verão eu me esquecia disso e dilatava as poucas palavras que tinha trocado com algumas meninas até transformá-las em amizades intensas. Para Lucio, eu me vangloriava de ser muito amiga da primeira e da segunda da classe, que se chamavam Chirone e Carena.

Chirone tinha cabelos dourados, olhos azuis e uma voz penetrante; Carena era magra e de pele escura, com uma madeixa negra ondulada a pente de ferro que pendulava sobre sua bochecha e que ela jogava para trás da orelha com um gesto atrevido. O nome de Chirone era Dimma; o de Carena, Giuseppina, mas o apelido era Gipy; eu achava que Chirone tinha um belo sobrenome e um belo nome; e Carena, um belo sobrenome e um apelido estupendo. Quando estava sozinha, eu murmurava comigo mesma por bastante tempo: «Dimma, Dimma, Gipy, Gipy», mas na sala de aula não ousaria chamá-las pelo nome. Em nossa classe Chirone e Carena eram como o Sol e a Lua, rodeadas por alguns satélites. Eu, na verdade, não era um satélite. Eu não era nada. Fazia parte das cinco ou seis mais silenciosas e tímidas, desunidas e dispersas, uma espécie de subproletariado incapaz até de se mobilizar para formar um grupo sólido e forte.

A única relação que eu tinha com Chirone e Carena dizia respeito à ginástica. Como elas também eram as melhores em ginástica, a professora lhes tinha dito para ensinar os exercícios com as maças para mim e mais duas ou três outras que erravam sempre. Assim, um dia me descobri no pátio de ginástica fazendo aqueles exercícios odiosos na frente de Chirone e de Carena, e cantando com elas as ridículas palavras «Molinete, molinete, círculo, quatro». Com o coração apertado de gratidão pela imensa bondade delas, sentia suas mãos em meus cotovelos corrigindo meus movimentos equivocados. Depois disso caí novamente na névoa da indiferença para Chirone e Carena. Elas eram amigas entre si, amigas inseparáveis; na escola eram triunfantes e radiantes, entregavam os deveres escritos com uma caligrafia maravilhosa e quase idêntica, a de Chirone um pouco mais alta e aberta, a de Carena um pouco mais pontiaguda e estreita;

Lua palidasse

gracejavam amigavelmente com o professor e reinavam sobre seus satélites. Estavam lá como o Sol e a Lua.

Nosso professor tinha um cavanhaque grisalho. Era amado, venerado e temido. Seus gracejos e seus elogios eram presentes preciosos para nós. Às vezes ele ficava furioso. Gritava: «Cães! — e que os cães me desculpem». Recolhidos em um silêncio aterrorizante, esperávamos que sua cólera se aplacasse.

Quando alguém fazia uma redação boa, era chamado à frente para lê-la em voz alta; e naqueles primeiros anos de escola essa foi minha única alegria, pois a única coisa que eu sabia fazer era escrever, não valia nada em todo o resto. Algumas vezes fui chamada para ler minhas redações em voz alta.

Naquela classe, éramos muitas meninas. Os meninos eram no máximo quatro ou cinco, reunidos juntos em uma única fileira, a qual, por isso, tinha vários bancos vazios. Lucio ficava no primeiro banco: tinha os cabelos pretos, esticados com brilhantina; usava calções bufantes, meiões quadriculados, e o que ele chamava de «o meu suéter» e era na verdade uma simples blusa de algodão.

Minhas colgas falavam de garotos entre si, mas não daqueles garotos da nossa classe, que para elas eram pequenos; de garotos de outras classes mais à frente, ou de garotos que tinham conhecido nas férias, ou ainda de garotos ou homens que viam no bonde ou das sacadas de suas casas e que «olhavam para elas».

No segundo ano do ginásio, após eu ter descoberto a tristeza, passei a me entreter com uma enxurrada de poemas tristes. Eu achava que ler poemas tristes, ou escrevê-los, ou murmurá-los para mim mesma, os meus e os dos outros, ou copiar os meus no caderno com uma bela caligrafia, fosse o único modo possível não de me livrar da melancolia, mas

Não me pergunte jamais

de conviver com ela. Em meus poemas eu falava de cartas rasgadas e amores mortos. Na verdade, Lucio era meu único amor morto, e ele, que odiava escrever, nunca me escreveu uma carta na vida.

Quando queria imaginar um amor para mim, não era Lucio que eu via, e sim uma figura alta com roupas de homem, de gravata e paletó; um rosto pálido, irônico, com os cabelos bem penteados, mas sem brilhantina; alguém tão belo, perfeito e pálido como eu nunca havia encontrado em lugar nenhum; alguém que não tinha nada em comum com Lucio, a não ser a indiferença. Eu achava que o fascínio de um homem estivesse na indiferença; a qual, no entanto, deveria unir-se à ironia, à bela estatura, aos ombros largos, a muitos cigarros fumados em silêncio, a uma cabeça debochada e misteriosa.

No banco à minha frente havia duas meninas que se chamavam Bianca e Rosabianca; eu as chamava pelo nome quando pensava nelas, pois as ouvia chamarem-se entre si pelo nome. Eram muito amigas; pareciam não ter nenhum interesse em todas as outras, nem em Chirone e Carena ou nos vários satélites. Bianca era pequena, tinha um rosto redondo e duas longas tranças castanhas; e às vezes, quando o professor explicava, levantava a mão e dizia com sua voz nasal: «Não entendi», coisa que eu considerava extremamente irritante. Rosabianca era alta, tímida, usava saias plissadas um pouco longas demais, tinha olhos puxados e um perfil como o dos egípcios nas ilustrações do nosso livro de história; os cabelos eram pretos, com um corte masculino. Como minha mãe conhecia a mãe dela, eu achava que tinha direito à sua amizade e, consequentemente, também à amizade da outra, a de trança; elas, no entanto, não pareciam querer fazer amizade comigo. Pelo contrário, percebi que zombavam de mim.

Lua palidasse

Do meu banco, um dia vi que Rosabianca tinha desenhado um burro e embaixo havia escrito: «Aquela burra da...» e mostrava às amigas; e a outra, onde estavam os pontinhos, escreveu uma palavra que me pareceu o meu sobrenome. Tomada por um profundo incômodo, eu me perguntava por que é que para elas eu era uma burra. Porém, sentia-me uma burra da cabeça aos pés. Por um momento pensei que elas estivessem fazendo alusão às minhas notas baixas; mas era impossível, pois as duas tinham notas iguais ou piores. No intervalo eu perguntei a elas se era eu aquele burro do desenho, e por quê. Não me responderam; se olhavam e riam. Sufocavam suas risadas altas em lencinhos. A essas risadas eu respondia com uma imensa seriedade: pesada como chumbo, interrogativa, angustiada e ridícula. Achei que nunca mais conseguiria rir.

Eu invejava desesperadamente a amizade delas. Com a melancolia, nasceu em mim também a inveja; sentia inveja de todos. As únicas pessoas que não invejava eram os meus pais, pois gostava pouco deles, assim como gostava pouco de mim mesma. Eles moravam comigo em nossa detestável casa; tinham conversas que eu conhecia de cor. Faziam parte daquilo que eu considerava mais odioso e deplorável no mundo, ou seja, de mim mesma; eram os culpados de minha imensa melancolia, pois a haviam gerado junto comigo; e no entanto não entendiam nada, continuavam a trocar palavras sobre coisas sem nenhuma importância, palavras que me pareciam de uma inutilidade revoltante.

Mas eu não considerava a melancolia um estado de espírito miserável, tampouco vil; as mordidas da inveja, porém, me pareciam desfigurantes, e por isso eu me apressava a jogá-las no imenso céu da melancolia.

Para ficar parecida com Rosabianca, certo dia peguei a tesoura e fiz um corte masculino no cabelo. Minha mãe, para que meu pai não percebesse, envolveu minha cabeça num xale e disse-lhe que eu estava com torcicolo. Então me levou ao cabelereiro para igualar o cabelo desalinhado. Mesmo assim meu pai ficou bravo quando me viu sem o xale. Ele detestava cabelos curtos, estivessem bem ou mal cortados. Rosabianca sempre estava gripada e faltava muitos dias na escola. Eu a invejava. Ter a saúde delicada e adoecer com frequência era o sonho de minha vida; porque ter febre significava não ir à escola, e também porque eu achava que ter a saúde delicada era uma coisa poética, sedutora e bela.

De manhã, quando ia para a escola, eu procurava respirar profundamente o ar fresco da neblina, na esperança de que ficasse com dor de garganta. Mas fui percebendo que dificilmente adoecia. No inverno eu conseguia ficar gripada uma ou duas vezes, mas a febre durava um dia; no dia seguinte eu não tinha mais nada. Tinha de voltar à escola, e recomeçava meu velho suplício: a rua tomada de névoa, a classe, a ansiedade, os deveres com marcas azuis e vermelhas, a mesa do professor, o cavanhaque. Eu sonhava com uma pneumonia. E pensava em como tinha chegado ao fundo do poço a que estava reduzida minha vida, já que a única coisa que eu conseguia desejar para mim mesma era a trégua de uma doença.

Em minha semana havia dois dias peçonhentos, em que eu tinha que voltar à escola à tarde para a ginástica, mas as outras tardes eu passava em casa. Minha mãe me dizia para sair, mas eu dizia que precisava estudar: abria todos os livros da escola sobre a mesa e assim tinha a sensação de estudar, mas na verdade eu escrevia poemas; ou então ficava vagando pela casa atrás de livros. Procurava poemas tristes, pois achava os poemas da minha antologia escolar pouco tristes; além disso, não eram modernos, traziam palavras do Oitocentos de que eu não gostava e falavam da pátria. Eu costumava caçar poemas que não falassem da pátria. Escondido dentro de um armário embaixo das meias de montanha encontrei *Cléo, robes et manteaux*, romance de Guido da Verona que meu pai havia definido como indecentíssimo, ordenando que minha mãe desaparecesse com ele; ela o escondera, mas o escondera mal, pois o encontrei sem grande dificuldade. Não entendi nada, mas estava orgulhosa de ler um romance que meu pai considerava indecente. Como eu achava que todos os romances nas estantes de casa não eram para crianças, porque do contrário minha mãe teria me dado para ler, acreditei que provavelmente todos eram indecentes e, quando os lia, ficava agitada procurando alusões misteriosas; e como em minha cabeça confusa os mistérios dos adultos misturavam-se e combinavam com a tristeza, todos aqueles livros que eu mal entendia me pareciam tristes, e eu sorvia sua melancolia.

Alguns anos antes, encontrara um volume de poemas de Annie Vivanti; e como um deles tinha por título «Cocotte», perguntei à minha mãe o que aquela palavra tão estranha queria dizer. Minha mãe respondeu que uma cocote era uma mulher «pouco decente, que aceitava presentes dos homens». Eu não entendia o que podia ter de mal em aceitar presentes; minha mãe acrescentou «e dinheiro também», mas eu continuava sem entender o que havia de mal nisso. Porém, agora isso fazia parte do passado; àquela altura eu acreditava que por trás da palavra «cocote» corressem rios de ações estranhas e secretas. Eu já havia superado a palavra «cocote». No meu dicionário italiano, procurava vinte vezes por dia a palavra «meretriz», ao lado da qual estava escrito «mulher pública», explicação que eu considerava concisa e sibilina. A palavra que eu mais amava, ou seja, a palavra «puta», que tinha ouvido ou lido não sei onde, não constava em meu dicionário. Esperava sempre encontrá-la nos romances que lia às escondidas: e, quando a encontrava, tinha a sensação de ter encontrado *funghi porcini* no bosque.

Quando minha mãe voltava para casa, eu estava de novo na escrivaninha em meu quarto. Ela pousava o olhar sobre meus deveres bondosa e distraidamente: me considerava estudiosa e, sobretudo, dizia a todos, orgulhosa, que eu era «muito boa em italiano»; também sabia vagamente que eu escrevia poemas.

Certo dia escutei minha mãe dizendo a um dos meus irmãos: «Mas que páthos judaico tem aquela menina». Essas palavras me pareceram inadequadas, como sempre acontecia com as palavras da minha mãe, no entanto me encheram de alívio. A voz da minha mãe sempre teve sobre mim um poder ao mesmo tempo irritante e reconfortante, fosse pedindo o almoço à empregada, conversando com meus irmãos ou falando ao telefone com suas amigas. Nas palavras «páthos judaico» reconheci prontamente minha tristeza e pensei que, se minha mãe as pronunciava em voz alta, e tranquilamente, talvez não fosse um estranho mal que havia afetado meu espírito, mas algo bastante leve, difuso e comum. Como minha mãe havia percebido em mim aquilo que ela chamava de páthos judaico, eu não sei. Eu acreditava que pudesse esconder de todos a minha enorme tristeza; em casa, meu comportamento habitual era de arrogância e desprezo. Na escola, acho que eu parecia um cão castigado; mas certamente não aqueles cães ferozes, aos quais o meu professor aludia para se desculpar quando se zangava.

Certo dia, Rosabianca me convidou para ir à sua casa. Minha mãe e a sua haviam se encontrado e decidido que de vez em quando nos frequentaríamos. Bianca também foi convidada, mas não apareceu. Estávamos ambas, Rosabianca e eu, muito tímidas; além disso, me atormentava o pensamento de que ela havia me convidado unicamente por vontade de sua mãe. No início, foram longos silêncios. Mas meu desejo de agradá-la era tão forte que comecei a falar, e ela também falou.

Descobri que, assim como eu, ela e sua amiga Bianca tinham um grande desejo de ficarem amigas de Chirone e Carena, assim como a sensação de que isso talvez nunca se concretizasse. Falamos por bastante tempo de Chirone, que tinha tudo, cabelos louros dourados, tom de pele rosado, a voz penetrante, e sempre tirava nove; e de Carena, que sempre tirava nove e tinha tudo, um lindo apelido, a cintura fina, um jeito tão atrevido e gracioso de jogar os cabelos para trás; e percebendo que assim como eu Rosabianca morria de inveja, pensei que nela a inveja não parecia assim tão horrível, e sim inocente e patética; e que poderia ser que, da mesma forma, fosse inocente e patética também em mim.

Implorei que me explicasse aquele antigo desenho do burro. Tinha passado muito tempo, talvez um ano, mas aquela lembrança ainda me queimava por dentro. Ela me disse que Bianca e ela me achavam burra porque pensavam que eu não soubesse como as crianças nasciam. Fiquei transtornada. Disse-lhe que fazia mil anos que eu sabia como as crianças nasciam, pois uma menininha com quem eu brincava nas férias tinha me explicado; e disse-lhe que havia lido *Cléo, robes et manteaux*, romance que entendi mal e onde não havia nada de esclarecedor sobre como as crianças nascem; mas que devia ser indecentíssimo, e disse-lhe que tinha lido muitos e muitos outros romances que meu pai considerava indecentes.

Perguntei como é que elas tinham posto na cabeça, ela e sua amiga Bianca, tal ideia sobre mim. Ela não soube explicar. Então pensei em como esse grande desgosto, que por tanto tempo me atormentara e que eu ainda sentia como ofensa, havia surgido do nada e por nada e, no entanto, era indestrutível, pois a sensação de ser considerada burra por ela continuava impressa em minha pele com tinta permanente.

Eu invejava a casa dela, que tinha um jardim, rosas e um elevador para comidas e louças; e seu quarto, que tinha papel de parede com flores, e onde havia uma máquina de escrever, quebrada e velha, mas dela; e os irmãos, um maior e um menor, que tinham o cabelo cortado à escovinha. Eu também tinha irmãos, mas eram diferentes dos dela; eram mais velhos e já tinham saído de casa, menos o último, e o último ficava pouquíssimo em casa. Eu preferia os irmãos dela.

Propus escrever um poema na máquina de escrever dela. Porém, nada me vinha à mente. Ditei esses versos para ela: «A lua pálida se levanta à noite», mas era uma observação que nós duas não achamos nada nova. Todavia, ela escreveu, lentamente, «a lua palidasse levanta», e logo em seguida nos cansamos de poesia, e seu irmão mais velho, que entrou correndo com uma capa de chuva, leu bem alto «lua palidasse», fez uma piadinha e saiu; muitos anos depois, ele ainda se lembrava da «lua palidasse», quando o revi após a guerra, em outra época.

Encontrei em um livro de poesia dois versos que amava demais: «Oh, anos, oh, meus jovens anos,/ Para onde fugiu sua carruagem de ouro?». Era o que eu também pensava: a carruagem de ouro dos meus jovens anos, para onde tinha fugido?

A minha infância me parecia ter sido belíssima. Depois minha vida tinha se tornado um redemoinho de melancolia. A coisa que eu considerava exasperante era que eu não podia me tornar outra pessoa: eu era eu, e eu me achava odiosa e não tinha como me separar daquele ser odioso. Estaria ligada a esse ser odioso, pesado e melancólico, até a morte.

Lua palidasse

Achava minha casa muito triste. Sentia saudades do tempo em que meus irmãos também moravam conosco. No corredor havia uma fileira de quartos vazios. Eu entrava nos quartos para procurar romances. Abria as gavetas das mesas deles e lia as cartas de amor que tinham deixado para trás. Escrevi um poema para meus irmãos. Dizia assim: «Oh, meus irmãos, oh, adoráveis irmãos,/ Vocês estão tão longe/ Que não podem ouvir meus soluços vãos,/ A minha voz, irmãos?» Na verdade, meus irmãos vinham quase todo sábado. Eu não soluçava nem quando eles chegavam nem quando partiam. Nesses sábados estavam sempre ocupadíssimos telefonando, marcando encontros, tomando banho e resmungando com minha mãe por causa de suas camisas e pijamas que não tinham sido passados.

Nesse poema para meus irmãos, eu via um eco da carruagem de ouro. Assim que eu lia um poema de que gostava, tinha vontade de fazer outro quase igual.

Eu tinha a confusa sensação de que nenhum dos meus poemas era realmente meu, e sim que eram todos eles um pouquinho copiados da poesia de outros.

Achava que em casa havia pouquíssimos livros de poesia e, no fundo, também poucos romances. As estantes viviam cheias, mas havia uma abundância de livros do meu pai, ou seja, livros de histologia, biologia e medicina. Eu me sentia em exílio dentro daquela casa, tão pobre era de poesia e romances. Além disso, aquele irmão que ainda morava em casa, isto é, dormia mas quase nunca estava lá, em suas rápidas aparições pegava romances das estantes e ia vendê-los, pois estava sempre sem dinheiro. Eu ficava desesperada com todos aqueles romances que de um dia para o outro desapareciam, e não podia nem reclamar com minha mãe, porque eram romances que eu lia às escondidas.

Costumava levar à escola o meu caderno de versos, para pegá-lo e folheá-lo de vez em quando. Deixei Bianca e Rosabianca lerem-no; Bianca acabou contagiando-se, pois, como eu já havia notado, fazer poesia era uma coisa pegadiça e contagiosa como a tosse.

Bianca comprou um caderno idêntico ao meu. Aprendeu imediatamente a escrever poemas. Seus poemas me mataram de inveja. Eu os achava melhores que os meus. Ela escrevia um por dia, assim como eu.

Todo ano Bianca passava as férias na praia, em uma cidadezinha chamada Laigueglia. Divertia-se muito lá. As minhas férias, ao contrário, eram sempre muito chatas. Íamos para as montanhas.

Quando pequena, eu gostava de sair de férias. Costumava me divertir. Procurava rãzinhas nos riachos. Agora, ficava atrás de uma janela olhando a chuva, ou então, entediadíssima, tinha de ir fazer compras na cidade com meu pai e minha mãe. Achava que as pessoas que me viam poderiam pensar que eu era a única filha dos meus pais; e a ideia de que pensassem que eu não tinha irmãos e fosse filha única, não sei por quê, me parecia desonrosa.

Chirone e Carena passavam as férias em praias maravilhosas e à noite iam dançar nas discotecas. No outono voltavam para a escola com muitas músicas e muitos segredos, que sussurravam a seus satélites em meio a muitas risadas, sufocadas em seus lenços.

Em Laigueglia, Bianca havia conhecido um garoto que frequentava a nossa escola, um ano mais à frente. Estava apaixonada e começou a escrever poemas para ele. Ela o via quando ia patinar. Ela e Rosabianca, as duas, costumavam patinar, e me disseram para ir também: fui uma ou duas vezes, mas não consegui aprender a patinar; e lá fiquei, tristíssima, o tempo todo agarrada à cerca ao redor da pista.

Lua palidasse

De repente Bianca teve a impressão de que o garoto a estivesse olhando menos e patinasse com frequência abraçado a uma linda garota. Escreveu, então, este poema: «Que pequena e simples co'sa/ Me amava e não me ama mais,/ Mas ainda existe a rosa,/ Ainda há borrachas e que tais.» Perguntei a razão das borrachas e que tais. Ela não sabia dizer. Era a única rima que tinha encontrado. No fim, mudou o último verso. Escreveu assim: «Mas ainda existe a rosa,/ Tudo como era, volta para trás.» Contudo, tive a impressão de que, assim modificado, aquele poema ficava idêntico a infinitos outros que já existiam. Mas com as borrachas e que tais ficava diferente de todos.

Uma menina vinda de outra escola foi acomodada ao meu lado no banco. Era gordinha e quieta e foi carinhosa e maternal comigo. Ofereceu seus deveres para eu copiar. Parei de copiá-los quando descobri que estavam muito errados.

Ao ver o meu caderno de poemas sobre o banco, pediu para lê-los. Depois me pediu para levá-lo para casa. Um poeta, Ignazio Casali, costumava ir à sua casa todas as noites. Ela lhe diria para ler meus poemas e dar sua opinião. Atordoada de tanta emoção, dei-lhe o meu caderno. Falou-se de levar também o caderno de Bianca para o tal poeta. Mas a menina disse que era melhor um de cada vez.

Eu não conhecia nenhum poeta. Em casa nunca vinham poetas. Vinham biólogos, médicos, físicos ou engenheiros, amigos dos meus irmãos ou do meu pai. Mas poetas, nunca.

Os biólogos falavam com meu pai sobre embriões de frango, sobre as células dos tecidos. Os engenheiros não eram mais divertidos que isso. E todos falavam interminavelmente de política. Eu tinha a impressão de que meu pai e minha mãe sempre repetiam as mesmas coisas sobre política. Sentia um tédio mortal em casa.

Passei a ter o forte desejo de conhecer um poeta, e talvez amá-lo e depois desposá-lo. Eu não poderia amar nem desposar aquele poeta, Ignazio Casali, pois pelo que entendi era namorado de uma das irmãs daquela minha colega de ar quieto e maternal.

Por alguns dias esperei ansiosamente pela opinião de Ignazio Casali. Mas ele ainda não havia tido tempo de ler meu caderno. Que raio de ofício ele tinha e como passava seu tempo, além de escrever poesia e ir de noite à casa da minha colega, e como era sua cara, eu não sabia e nunca soube. Não ousava perguntar.

Finalmente, certa manhã minha colega devolveu o caderno e me entregou um papel cor-de-rosa, dobrado quatro vezes. Eu o li. Estava escrito assim: «Uma sensibilidade que não busca o gosto formal das coisas exteriores, mas o encontra já completo em sua própria expressão».

Pareceram-me palavras oraculares, e quanto mel verteram sobre mim. Eu as dizia e repetia infinitas vezes para mim mesma, para saborear seu mel e entender seu sentido. Minha colega me disse que, se eu quisesse, poderia ir à sua casa conhecer Ignazio Casali; ele, porém, costumava ir apenas depois do jantar; meus pais me permitiriam sair depois do jantar?

Perdi todas as esperanças de um dia conhecer Ignazio Casali. Não podia nem sonhar com a permissão de meu pai para sair à noite. Nunca em minha vida eu tinha saído depois do jantar. Convidá-lo para ir à minha casa, nem se fala. Meu pai, caso eu ousasse convidar um desconhecido, poria a casa abaixo. Eu não podia convidar ninguém, a não ser meninas. Não podia convidar homens.

Peguei o papel rosa e o guardei em minha gaveta, dentro de uma caixa de seda florida. Quando Bianca passava a tarde em casa, relíamos juntas aquelas palavras enigmáticas. Deliciosas. Eu dizia a ela que, não importava qual fosse o significado daquelas palavras, eu acreditava não as merecer. Eu dizia que meus poemas não valiam nada. Ela dizia que eram os dela que não valiam nada. Não foi possível dar o caderno de Bianca para Ignazio Casali ler, pois aquela menina de ar maternal, por sofrer de reumatismo, saiu da escola no meio do ano e nunca mais se soube dela.

Oferecia a testa altivamente para o beijo de boa-noite de minha mãe. Eu achava que ela não soubesse nada de mim. Não sabia que eu não «buscava o gosto formal das coisas exteriores, mas o encontrava já completo em minha própria expressão».

Mostrei aquele bilhete para um dos meus irmãos. Esperava uma elucidação. Ele não ajudou em nada. Começou a rir, e disse que foi sorte aquele poeta não ter me visto, pois ele não teria gostado nem um pouco do meu nariz.

Esse irmão costumava zombar do meu nariz. Era mesmo um nariz muito grande e cheio de sardas. Para deixá-lo menor e esconder as sardas, eu o cobria de talco. Eu não tinha pó de arroz. Finalmente um dia minha irmã me deu de presente uma caixinha de pó de arroz, com espelhinho. Com aquele minúsculo espelhinho, eu observava meu nariz e passava o pó de arroz a cada meia hora. Do contrário, meu coração não ficava tranquilo. Bianca também fazia o mesmo com seu nariz.

Rosabianca de repente ficou muito bonita, muito alta e muito elegante. Tinha um sobretudo forrado de lã de carneiro branca. Ela agora tinha vestidos tão bonitos que até Chirone e Carena iam olhar. Ela agora tinha os vestidos mais bonitos de todos. Eu a invejava tanto que minha inveja era quase veneração. Ela ficava vários dias sem ir à escola. Dizia que talvez seus pais a tirassem da escola e providenciassem aulas em casa, com professores particulares. Certo dia deu uma festa em sua casa e convidou a classe inteira. Achei que ela havia deixado de ser tímida. Depois, teve pneumonia. Chegavam notícias sobre sua febre, era uma pneumonia muito grave. Então a levaram a Mentone para a convalescença. Os motivos de inveja se multiplicavam e me torturavam. Aquele seu irmão com a capa de chuva, que estava no primeiro ano do liceu, foi preso por antifascismo. Meus irmãos, contudo, ainda não tinham sido presos. Assim que ele foi libertado, a família se mudou para Paris. De Mentone, Rosabianca partiu para Paris, e eu nunca mais a revi. De Mentone, ela havia me mandado uma pequena carta, em que contava de sua pneumonia. Por muitos anos guardei essa carta dentro da caixinha florida, com a opinião de Ignazio Casali. Bianca e ela continuaram se correspondendo. Bianca continuava sendo sua melhor amiga.

Rosabianca costumava fazer troça de Ignazio Casali. Dizia que era meu futuro namorado. Chamava-o de «o *poveta*» [poeta] para zombar dele e de mim. Quando eu queria me lembrar dela, dizia comigo «o *poveta*» e a via de novo diante dos olhos, com suas saias um pouco longas, os olhos puxados, os dentes brancos. Usava saias sempre um pouco longas demais, mesmo quando passou a ser muito elegante.

Chirone virou minha melhor amiga. Como aconteceu, eu não sei. Fazíamos o mesmo caminho, porque morávamos perto. Ficamos amigas fazendo todo dia aquele breve percurso.

De tarde, ela vinha à minha casa. Juntas, escrevemos um poema. Era um poema que começava assim: «Desafiaria a neve e o vento/ para te ver transitar.» Nós o escrevemos para um rapaz do liceu que ela achava bonito. A mim ele não agradava. Eu tinha a impressão de que seria impossível me apaixonar por alguém que eu via dentro ou perto daquela

Lua palidasse **205**

escola. Tinha a impressão de que aquela escola lambuzava todo mundo de infantilidade e tédio. Os homens que eu poderia amar estavam em outro lugar. Onde, eu não sabia. Em alguns momentos ficava aterrorizada com a ideia de que eles não existissem em lugar nenhum.

Eu não gostava da palavra «transitar». Mas Chirone gostava, e eu fiquei quieta. Sentia-me acovardada. Sempre lembrava que ela era a primeira da classe. Eu era a décima nona. Nunca consegui subir um pouco nessa classificação. No momento final, quando o semestre estava para terminar, alguma coisa dava errado e me fazia rolar em direção ao fim da lista.

Para que ela não pensasse que eu me aproximara dela por interesse, nunca lhe pedi para me deixar copiar um dever. Às vezes ela oferecia, e eu recusava. Evitava fazer perguntas sobre os deveres. Os dela estavam ali, sobre a minha mesa, pousados ao lado de seu cachecol, escritos com sua maravilhosa caligrafia alta e estreita, e eu pudicamente desviava o olhar. Mais tarde pensei que fui muito idiota.

No entanto, sua amizade me enchia de vaidade. Não cansava de me sentir orgulhosa, feliz e estupefata. Quando me lembrava de meus primeiros anos na escola, do quanto aquela resplandecente menina parecia inalcançável, admirava o destino, que podia realizar milagres assim estranhos. Na aula, Chirone falava pouquíssimo comigo, para não deixar Carena com ciúmes, pois aos olhos de todos ainda era ela sua amiga inseparável. Comigo, nunca falava de Carena. Quase nunca pronunciava seu nome. Porém, estava bem claro para mim que era por esse motivo que ela me tratava friamente na aula. Assim, ninguém sabia o quanto éramos amigas, eu e ela. Nos víamos em minha casa quase todas as tardes. Eu lamentava que ninguém soubesse e sofria por sua postura tão fria na aula; mas em alguns momentos eu pensava que isso fazia de minha sorte ainda mais preciosa e mais estranha.

Agora, no entanto, eu sempre a chamava de Dimma, também na aula. Afinal, depois de tanto tempo, todos tínhamos nos acostumado a chamar uns aos outros pelo nome. Gipy, Gipy, Gipy, escutávamos sempre sussurrando, mesmo dos bancos mais distantes, onde ficavam meninas que não tinham nenhuma real intimidade com Carena.

Como Carena veio a saber de minha amizade com Chirone, eu não sei. A certa altura mostrou-se gélida comigo. Depois veio em casa uma tarde em que eu e Dimma estávamos estudando. Era a primeira vez que estudávamos juntas. Eu teria uma prova oral no dia seguinte, e ela me tomava os verbos latinos. Era mesmo a primeira vez.

Para não me humilhar, ela fingia que não sabia muito. Até porque fingir que nunca sabia nada e que tinha muito medo era um gracejo seu.

Carena apareceu. De vez em quando chegava em casa assim, sem avisar, com ar distraído e presunçoso. Parecia disposta a estudar os verbos também. Depois fez uma cena de ciúmes. Foi uma cena irônica. Toda hora reaparecia a palavra «preferida». Eu não entendia se ela me repreendia por ter preferido Chirone ou se repreendia Chirone por ter me preferido. A madeixa preta se agitava. A boca demonstrava deboche. Eu e Chirone mantivemos o mais perfeito silêncio.

Depois elas foram embora juntas. A palavra «preferida» martelava um som surdo em meu coração. Eu tinha a sensação de que uma grande desgraça tinha desabado sobre meus ombros. Chirone não viria mais passar as tardes em casa. Desistiria de mim. As bases de nossa amizade eram fortuitas e frágeis demais. Ela não perderia, por mim, sua amiga inseparável. E eu não podia competir com Carena. Era impossível.

Sentei para jantar com meus pais. Estavam lá, tranquilos. Minha mãe perguntou se eu tinha me divertido com as amigas. Haviam se encontrado nas escadas. Já meu pai nem sabia quem eram Chirone e Carena.

Bianca virou minha melhor amiga. Descobrimos que, no fundo, éramos amigas havia muito tempo. Talvez desde sempre. Ela me disse que, no fundo, até quando escreveu meu nome embaixo do desenho do burro, já gostava de mim. Mas quando estava com Rosabianca não dava para sermos amigas, porque era difícil ser um trio de amigas. Sempre havia uma que se sentia de escanteio e sofria. Da mesma forma, eu lhe disse, teria sido difícil para mim ficar bem com Chirone e Carena juntas. Teria sido exaustivo. Como estar constantemente entre o Sol e a Lua.

Estar com ela não era difícil. Eu a achava bastante parecida comigo. As vantagens dela em relação a mim, como saber dançar e patinar, não me oprimiam. Eu a invejava, mas era uma inveja sem dor. Poderia a qualquer momento confessar minha inveja.

Experimentamos o grande prazer de falar verdades o tempo todo, uma à outra. Perguntei-lhe o que achava do meu nariz. Perguntou-me o que eu achava do seu.

Disse-lhe que quando levantava a mão e dizia «Não entendi», era extremamente irritante.

Disse-me que quando estava na pista de patinação, agarrada na cerca, eu era extremamente engraçada.

Nossa turma se despediu, aos prantos, do professor de cavanhaque. Estávamos agora no liceu superior, no andar de cima. No intervalo costumávamos descer um andar de escada e nos reunir em volta dele. Depois, pouco a pouco, fomos parando. Ele não podia nos consolar eternamente porque agora tínhamos outro professor, e ele, outra turma.

Minha amizade com Bianca durou muitos anos. Nesses anos, passávamos longas horas juntas, lendo nossos poemas, copiando-os com uma linda caligrafia em nossos cadernos e trocando confidências sobre nossos infelicíssimos amores. Os tempos em que ir à escola me deixava muito infeliz já me pareciam remotos. Agora eu entrava e saía da escola com indiferença. Ficava lá sentada pensando em minhas coisas. Aprendia muito pouco. Minhas infelicidades nasciam e cresciam em outros lugares. Na escola, eu havia me tornado arrogante, assim como em casa. Não me sentia mais um cão castigado. O medo de subitamente voltar a ser um cão castigado me fazia ter modos cada vez mais arrogantes. De repente percebi que esse meu jeito arrogante tinha me tornado dura e arrogante também no espírito. E então me assustei.

De repente, parei de escrever poemas. Deixei também de ser amiga de Bianca. Não tinha mais nem amores, nem lágrimas, nem melancolia, nem amizades. Passei a ver o universo como uma planície estéril e árida. Nessa planície estéril e árida, detive-me de repente, esperando que alguma coisa acontecesse, que desaparecesse de meu espírito essa árida e insuportável indiferença.

Agosto, 1976

Infância e morte

Penso que a pessoa que não crê em Deus não tem o direito de dizer a seu filho: «Deus não existe». Não pode apresentar essa sua convicção pessoal como uma certeza universal. Pode fazer isso com outras convicções, mas não com essa. Em primeiro lugar, as palavras «Deus não existe» são palavras de extrema angústia para uma criança. Em segundo lugar, podem ser falsas. Outras convicções pessoais que a pessoa apresenta ao filho como certezas universais também podem ser falsas; mas nos outros casos talvez não seja tão importante se enganar e afirmar o falso. No entanto, as palavras «Deus não existe» são inexoráveis; e, se forem falsas, a pessoa terá dito uma coisa inexorável e falsa.

Como se sabe, não há provas claras e inequívocas da existência de Deus, e não há provas claras e inequívocas de sua não existência: e o fato de ninguém nunca tê-lo visto não demonstra absolutamente nada. Isso torna o viver, para quem crê em Deus, bastante difícil, estranho e doloroso. Mas quem crê em Deus às vezes tem a impressão de gostar dessa ausência de provas: no fundo, pagaria qualquer preço para que nada fosse diferente. Pois amar a Deus significa não desejar que ele seja em nada diferente de como se manifesta em nosso pensamento.

Da mesma forma, a pessoa que crê e diz a seu filho «Deus existe» fala de uma convicção pessoal como certeza universal, cometendo um arbítrio. Além disso, ela também diz algo que talvez seja falso. Todavia, uma criança que escuta «Deus existe» poderá um dia, caso queira, se Deus lhe parecer inútil, descartá-lo. Não é nada difícil, pelo contrário: para quem não quer Deus, é quase simples agir como se para si ele nunca tivesse existido. É um arbítrio necessário, pois assim a criança recebe o supérfluo, isto é, aquilo que é supérfluo para alguns. Mas uma criança que escuta «Deus não existe» vê paredes inexoráveis levantarem-se ao seu redor e, se um dia quiser Deus, terá de procurá-lo para além dessas paredes desertas.

Como será possível, a quem não crê, responder a uma criança que o interroga a respeito de Deus, eu não sei. A única coisa que me parece acertada é que as palavras «Deus não existe» não devem ser ditas. A pessoa que não crê, que responda assim: «Eu acho que Deus não existe. Mas não sei. Outros acham que ele existe. A verdade, ninguém conhece».

Hoje sabemos que não é preciso mentir para as crianças. É verdade. Mas sobre Deus, quem não crê deve mentir para uma criança, ou melhor, deve promover a dúvida, mesmo que não guarde nenhum tipo de dúvida dentro de si.

Um mundo em que Deus não existe, e em que a morte é um lugar no cemitério onde a pessoa vai dormir para sempre, é exatamente o contrário de tudo aquilo que uma criança ama e quer. Crianças detestam dormir; detestam e temem o tédio. Talvez detestem o sono e o tédio justamente porque se parecem com a morte; com aquilo que elas acham que, se Deus não existe, será a morte. Supondo que a pessoa não acabe embaixo da terra, mas vá parar no espaço, a perspectiva de permanecer ali para sempre, sem Deus, é ainda mais tétrica. Na solidão do espaço o tédio não terá fim; nada acontecerá, ninguém virá; o céu ficará sempre girando e zunindo como um zangão; morrer significará misturar-se a esse inútil e dormente zunido. A eternidade da morte gera na criança uma angústia e um tédio sem nome; a única sorte que ela tem é sua dificuldade em imaginar a verdade, ou seja, que se não existe Deus, morrer não é igual a dormir ou sentir tédio, morrer é igual a morrer. Assim, diante do filho, quem não crê em geral se cala sobre a morte enquanto lhe for possível. Lamenta ter de falar no assunto com ele, acha extremamente difícil. Escapa de todas as perguntas. Um dia lhe dirá «Deus não existe», mas por enquanto se cala. E assim essa criança sente que, em sua casa, um estranho silêncio cerca duas palavras em que ela sempre pensa, porque as ouviu lá fora e porque são palavras que o pensamento humano enfrenta desde cedo, as palavras «Deus» e «morte»; e sente cercado de silêncio o fato de que em outros lugares, em outras casas, um grande número de pessoas acredita em Deus e o prega. E isso acontece em um tempo como o nosso, em que temos o hábito de oferecer às crianças longas explicações sobre qualquer aspecto do universo, de dedicar sagrada atenção a qualquer possível problema que se apresente às crianças; e em que o espírito das crianças nos parece delicadíssimo e frágil, a ponto de nos parecer perigoso qualquer tipo de sofrimento que nelas possa aflorar. Mas sobre Deus e a morte, subitamente nossa atenção sagrada se retrai e não opera mais; até que chega o dia em que a criança nos interroga, e nossa resposta é rápida, categórica e terrível.

Na hora, parece que aquela criança não se importa que Deus não exista; tem um ar despreocupado quanto à ideia de que nada nem ninguém nos espera após a morte. Não paramos para pensar que essa indiferença evasiva talvez seja uma simulação. Não acreditamos em Deus, e há muito temos a visão de um céu deserto zunindo ao nosso redor; edificamos pensamentos orgulhosos a esse respeito; acreditamos fazer parte de uma espécie nova e nobre, que não teme a morte, que observa com olhos orgulhosos um horizonte desabitado. Mas talvez muitos que se matam o fazem porque, quando pequenos, pensaram na morte e se viram diante de uma ideia que não podiam suportar. Matam-se para saber logo se era verdadeira aquela ideia deserta, inexorável e mortal.

Por isso acredito que a pessoa que não crê não tenha escolha a não ser mentir para a criança a respeito da morte e de Deus. Se tanto se calar quanto dizer a própria opinião nua e verdadeira são um mal; e, visto que é um mal imenso, diante disso a exigência de sermos verdadeiros e honestos e fiéis a nossas convicções é uma exigência tão estúpida, um tipo de honestidade tão miserável que é necessário deixá-la de lado. Porque é uma honestidade que concerne a nós, mas não ao próximo; e, definitivamente, não se trata de honestidade, mas de um furto, pois assim talvez privemos para sempre a criança de Deus e da esperança de nunca morrer. Inventar Deus e falar dele como um ser que existe ou poderia existir, que depois de mortos teremos ou poderemos ter a sorte de encontrar, e pintar o paraíso como um lugar onde reencontraremos todas as pessoas que perdemos, e onde teremos tudo o que temos em vida e ainda muito mais, certamente inspira, em quem não crê, uma repugnância profunda, e a sensação de estar se rebaixando ao pronunciar palavras mentirosas e de uma futilidade mortificante; mas essa sensação não conta nem um pouco quando estamos tratando de uma questão de importância crucial.

Pois tudo o que se refere à morte, e tudo o que se refere a Deus, é de crucial importância tanto para quem crê como para quem não crê: e não há dúvida de que é a única coisa verdadeiramente crucial em que podemos pensar.

Julho, 1970

Sobre crer e não crer em Deus

O Deus que devemos amar é ausente.

Simone Weil

Dentre as tantas coisas odiosas que surgiram em nosso tempo, considero odiosa a ideia de que crer seja algo estúpido, ridículo e vil, sinal de inferioridade, e que não crer seja sinal de coragem viril, firmeza e, definitivamente, superioridade. Se fosse possível a uma única pessoa pedir algo à totalidade da espécie humana, eu pediria que toda fé religiosa, de todo tipo e natureza, fosse vista, por quem não crê, em pé de igualdade.

Pode-se objetar que há outros inúmeros pedidos, e mais prementes, a se dirigir à espécie humana. É verdade. Porém, esse é premente e fundamental para mim.

Quem não crê, que leve em conta que existem pessoas para as quais, sem Deus, o mundo é atroz.

Que algumas pessoas em alguns momentos achem atroz o mundo sem Deus me parece uma prova de que Deus existe. E também me parece uma prova de que ele existe o fato de que no fundo seja simples descartá-lo e livrar-se dele, ao passo que passar a tê-lo, para quem nunca o teve, seja cansativo, doloroso e difícil: pois quer dizer que aqueles que pensam em descartá-lo na verdade não descartam nada; ao passo que tê-lo é doloroso e difícil, assim como é doloroso e difícil ter, na vida, tudo o que é necessário, vital e essencial. Porém, é evidente que não existem provas nem claras nem sólidas, são provas extremamente frágeis; aliás, talvez nem mesmo possam ser chamadas de provas, pois aos olhos de quem não crê não valem nada. Aos olhos de quem não crê, que o mundo pareça atroz para alguns é, por sinal, uma demonstração de que crer é sinal de vilania e fraqueza; isto é, Deus teria sido inventado por pessoas vis e fracas, para nos consolar e consolar as crianças; gente que considerou o mundo triste demais e sem sentido, gente incapaz de admirar a maravilha grande e nua, não destinada a outros e criada apenas para o cru e viril engenho do homem.

Mas, então, se crer fosse realmente vilania e fraqueza, aquele que crê deveria se sentir reconfortado e tranquilo, e protegido em sua fraqueza; no entanto, isso não acontece de forma alguma. Quem crê pode apenas dizer que o mundo sem Deus lhe pareceria atroz; mas a isso não pode acrescentar sequer uma sílaba. Não pode afirmar que, em virtude de Deus, a seus olhos o mundo torna-se belo, seguro, claro, simples e feliz: não.

Por outro lado, a crença de quem crê é tão duvidosa e vacilante, está sempre tão perto de se apagar que não consola nada e ilumina muito pouco; é como uma vela acesa no vento e na chuva em uma noite de inverno; não é nem um pouco parecida com uma bandeira que se ergue em momentos de glória; pelo contrário, assim que parece ter se tornado uma bandeira, vêm a repulsa e o desejo de jogá-la ao chão. Se fosse uma bandeira, os que creem iriam se sentir unidos como um exército de soldados que caminha triunfante em uma direção precisa e sente orgulho e força por ter formado uma tropa numerosa e unida; e então cada um deles perceberia que Deus está exatamente do lado oposto. Pois, mesmo sem saber nada ou quase nada de Deus, imagina-se que ele não deve gostar nem um pouco de ser amado do modo como os exércitos amam a vitória. A crença de quem crê é uma crença tão incrédula que se assemelha extraordinariamente à falta de crença. As diferenças são sutis e tão fugazes que parecem sombras de galhos ou de colinas sobre as águas de um rio. Seria possível então objetar que, tratando-se de diferenças tão sutis e fugazes, não deveria ser tão importante que se acredite ou não em Deus. As diferenças são, sim, sutis e fugazes, mas são essenciais; e nisto está mais uma prova de como tudo o que se refere a Deus é vital e essencial.

De todo modo, eis uma diferença: quem não crê tem orgulho de não crer, pois elaborou ideias orgulhosas em torno de sua não crença; por sua vez, quem crê não experimenta essa espécie de orgulho: afinal, por que razão haveria de sentir orgulho, por um resto de vela que carrega nas mãos e que parece estar prestes a se apagar, ou por alguma rara sombra que se reflete, como sombra de colinas ou galhos, no curso de seu pensamento? Ele, porém, sente que, se sua crença o enchesse de audácia e orgulho, esse tipo de orgulho seria infinitamente mais detestável do que o orgulho de quem não crê.

Quem crê, portanto, não tem nem glórias, nem companheiros, nem bandeiras, nem armas: é triste, incrédulo e solitário; e, para dirigir-se a Deus, não tem nem mesmo muitas palavras. Isso porque as coisas que acredita saber sobre Deus são realmente poucas; e também porque as palavras que encontra a seu redor para esclarecer e definir Deus lhe soam falsas. Soam-lhe falsos os conceitos abstratos e as ideias genéricas: não consegue discernir nada e fica indiferente. Não gosta nem um pouco de pensar em Deus como em um pai, como alguns sugerem, ou como um irmão ou um amigo; palavras abstratas como essas o deixam indiferente. Mas, se em suas recordações contempla o rosto de seu próprio pai, ou de sua mãe, ou de seus irmãos e amigos reais, ou de seus filhos, isto é, se pensa em determinadas pessoas, reais, estejam elas vivas ou mortas, e contempla seu amor por elas e as memórias de dias e lugares habitados e vividos com elas, e com aquelas memórias sente-se repleto de lágrimas ardentes e de uma estranha felicidade, então, por um instante, sente tremer e flutuar algo que rapidamente desaparece, e que talvez seja Deus.

Há momentos em que aquele que crê fala em Deus com enorme raiva; e são os únicos momentos em que sente em si, ao dirigir-se a Deus, muitas palavras rabiosas. Tem vontade de golpear Deus, como temos vontade de golpear o rosto de um ser humano; um ser humano cujo comportamento se mostra insensato, inexplicável, absurdo e cheio de erros irremediáveis. Não vê ao redor e em sua vida nada além de equívocos e desgraças e vê a si mesmo e a todos que conhece debater-se com situações insolúveis; e a ideia de que depois de mortos os homens poderão saber o motivo de tanto absurdo, e quem sabe até conseguir aquilo que aqui lhes foi inexplicavelmente recusado, primeiro o deixa irritado e depois indiferente. E, todavia, se depois repensa esses momentos, não tem tanta certeza de que desagradassem a Deus, não tanto quanto devem ter lhe desagradado vários outros momentos, quando ele se dobrou por covardia perante ações frouxas ou ignóbeis, ou foi ingrato com alguém que lhe deu muito, ou se distraiu com ideias vaidosas e cínicas, ou foi indiferente e distraído com alguém que lhe pedia socorro, ou prometeu a alguém atenção e socorro e lhe deu as costas; ou enfim sentiu-se proprietário de altas verdades: provavelmente Deus não tolera quem cultiva a sensação de possuir faculdades preciosas. Repensando seu delírio de raiva, de repente o acha engraçado; e ao considerá-lo engraçado e rir de si mesmo, sente, como sempre lhe acontece quando ri intensamente de si mesmo na intimidade de seu espírito, tremer e flutuar algo que de novo desaparece em um instante, e que talvez seja Deus.

Quem crê, se tivesse de dizer o que mais ama em Deus, diria que é sua extraordinária atenção a qualquer mínimo pensamento ou lampejo de pensamento que atravessa o espírito de todo e qualquer homem. A pessoa tem certeza de que, se Deus existe, não lhe escapa nada a respeito de ninguém. Essa extraordinária atenção em colher em cada ser humano todo o bem e todo o mal, a qualquer instante, de forma que nada, realmente nada, nunca caia no vazio nem nunca seja inútil, parece uma coisa tão maravilhosa que, nos momentos em que essa pessoa mais ama a Deus, ela gostaria de imitá-lo. Ela não sabe nada ou quase nada sobre Deus, mas sabe que, se existe, nunca é distraído ou indiferente a ninguém. Gostaria de ser extremamente atenta a todas as pessoas que encontra, assim como Deus talvez seja.

Talvez seja prova da existência de Deus que possamos ficar tão felizes lembrando de pessoas que perdemos, que morreram ou desapareceram de nossa vida por terem nos traído e abandonado para sempre — o que em nosso íntimo chamamos de «sempre». Que perdure em nosso espírito uma felicidade relacionada a algo que não está mais ao nosso lado, a não ser como sombra e pó, talvez seja um sinal de que na verdade sabemos que será possível reaver aquela felicidade em outros lugares: não importa se agora ela é apenas sombra e pó em nossa vida, pois na verdade em outros céus nos esperam e inflamam alvoradas e crepúsculos onde reaveremos tudo o que nos foi tirado; é apenas uma questão de tempo, e a nós cabe não atribuir ao tempo uma importância excessiva. Em nossa memória, os dias felizes e os afetos que perdemos vivem tão misturados a lamento e dor e angústia que às vezes não nos parece mais possível considerá-los felizes: e, todavia, o fato de ainda viverem em nós torna estranhamente alegres e luminosos os dias desertos e miseráveis do presente. Porém, quem não crê diz que essa grande felicidade que vem da recordação de pessoas mortas ou desaparecidas e dos dias felizes perdidos não é de forma alguma um sinal de que algo nos espera, mas simplesmente uma vibração de nosso engenho: o qual é tão industrioso e vital que, ainda que destinado a morrer, arde e vibra com lembranças lindas até a morte. Quem não crê diz que os seres humanos não são eternos; eterna é a força e a vitalidade do engenho e da memória.

Não é verdade que aquele que crê tenha ideias claras a respeito da morte. Ele não sabe com clareza o que quer. O que mais deseja é poder estar com as pessoas que amou em sua vida; acha que lá elas o acolherão com os rostos, as vozes, os gestos que tinham: não sabe e não quer imaginá-las diferentes, ele as quer exatamente como eram, e não mais doutas, mais dóceis, mais doces ou melhores. Acha que estarão lá, à espera dele, como quando, vivos, costumavam esperá-lo na estação de trem após uma ausência; abanarão as mãos de longe e em seguida virão ao seu encontro; e ele estará muito cansado, mas ansioso por escutar e contar. Elas terão passado todo esse tempo juntas, sempre todas juntas, tendo ou não se conhecido, tendo ou não se amado; não terão se tornado mais sábias, porém terão deixado para lá todo e qualquer ciúme ou rancor terreno: assim como aconteceu algumas vezes durante a vida, em momentos de grande felicidade ou de grande infortúnio, quando ele sentiu desaparecer em si mesmo e nas pessoas a seu redor qualquer sentimento amargo ou maléfico, como se um forte vento tivesse levado embora a miséria e o veneno do espírito deles e do seu. Ele, assim, não acredita que elas, as pessoas que amou, tenham se tornado melhores do que eram, mas acredita que estejam lá como eram em vida nos momentos mais calorosos e mais sublimes. Diante do imenso desejo de reencontrar as pessoas que amou, o desejo de encontrar Deus passa a ser bastante secundário. Todavia, ele pensa que seu encontro com Deus poderá ser como aqueles raros instantes em que sentiu tremer e flutuar algo que chamou de Deus, e aqueles instantes serão eternos. Não é capaz, porém, de imaginar como poderão ser ao mesmo tempo eternos e felizes: acha que vai ficar entediado depois de um tempo e vai virar as costas para Deus para pensar em outra coisa; mas ignora no que poderá pensar, uma vez que se encontra na eternidade do espaço. Pergunta-se se não manterá talvez uma espécie de interesse bisbilhoteiro pelas coisas da terra; mas subitamente pensa que àquela altura talvez já seja muito sábio para ainda ter curiosidades bisbilhoteiras; e enfim teme que será tão sábio a ponto de ficar mortalmente entediado consigo mesmo. Tem medo de se transformar numa espécie de monge tibetano; e tem medo de que até mesmo as pessoas que amou, e que amou com seus disparates e estranhezas e incoerências e manias engraçadas, terão se tornado frias, ajuizadas e sapientes, assertivas e severas como tantos monges tibetanos. Assim, sua esperança em uma outra vida é uma esperança sempre misturada à desconfiança: não é uma esperança nem um pouco radiante, e nela está sempre presente o receio de sofrer uma desilusão. Além disso, seu medo de morrer de tédio na eternidade é uma espécie de medo da morte, extremamente semelhante à preocupação com a morte de uma criança a quem disseram que Deus não existe; e por isso é sua maneira de temer que talvez Deus não esteja lá ou que seja uma decepção.

Sobre crer e não crer em Deus

Não é verdade de forma alguma que aquele que crê tenha ideias claras sobre o bem e o mal. Ele não sabe nada sobre isso, exatamente como aquele que não crê. Assim como quem não crê, ele considera extremamente difícil separar o bem do mal; e os observa serpenteando e perseguindo-se em uma trama tão sutil, complicada e confusa que sente tontura se tenta fixar o olhar. Somente no desejo que sente de separar o bem do mal, e em sua grande dificuldade e tristeza e em seu pavor de se enganar, e em sua busca por preferir o bem-estar do outro em vez do seu, às vezes reconhece em si mesmo aquela escuridão flutuante que chamou de Deus; e visto que ouviu de alguém que Deus é ordem, harmonia e luz, mais uma vez pensa em como essas definições são falsas, e, se definir Deus não fosse impossível e sempre falso, teria vontade de pensar que Deus é, ao contrário, desordem, escuridão e confusão. Quando acontece de ele não conseguir discernir o bem do mal e sente-se rodeado pelo silêncio de Deus, pensa que, se tivesse de dizer com o que Deus mais se parece, diria que se parece com a profundidade da noite, mais do que qualquer coisa. Em relação ao bem e ao mal, a postura de quem crê e de quem não crê é de certa forma extremamente semelhante, isto é, quem não crê pensa que o bem seja feito sem nenhuma explicação lógica, sem nenhum porquê, e a fundo perdido. E também quem crê pensa que o bem seja feito de toda forma, sem nenhum porquê, e a fundo perdido: e acha falso dizer que o bem é feito «por obediência a Deus»; tem a impressão de que essa obediência não agrada a Deus; pensa que de qualquer forma o bem deve ser escolhido no lugar do mal, com ou sem Deus; pois atribuir a Deus o bem que por acaso fazemos é como abandoná-lo na profundidade da noite.

Nós podemos dizer que Deus se assemelha à profundidade da noite; no entanto, me parece falso dizer que Deus *é* a profundidade da noite. Assim, podemos encontrar outras coisas às quais Deus se assemelha: ele se assemelha à poesia, me parece, no sentido de que também a poesia parece habitar a concretude e a singularidade das coisas e dos seres, e o abstrato e o genérico lhe repugnam; mas mesmo habitando e estando enraizada na concretude das coisas e dos seres individuais, o sentido e a essência dela são universais. A poesia assemelha-se a Deus nisto: pois ele também, se existe, parece viver no pensamento individual, mas o eleva e o mistura ao pensamento universal. Todavia, assim como é falso dizer que Deus *é* a profundidade da noite, então é falso dizer que Deus *é* a poesia; pois se podemos dizer a que Deus se assemelha, de forma alguma podemos dizer o que Deus *é*. E também dizer «Deus é tudo» me parece falso; certamente é a coisa mais importante que existe, e o estranho é que continua sendo a coisa mais importante que existe mesmo se não existe e se não o vemos. Por isso assemelha-se a um número ilimitado de coisas. Mas após dizermos «É a coisa mais importante que existe», a isso não é possível acrescentar nem mesmo uma sílaba para defini-lo.

Em algum momento de lucidez, quem crê pensa que o fato de os homens, creiam ou não creiam, serem tão parecidos entre si e estarem tão misturados em seu desespero, e tão misturados no bem e no mal, e não serem em nada melhores e mais felizes e mais claros pelo simples fato de crer, é um sinal da existência e da justiça de Deus. E então é um sinal de sua existência e justiça o fato de quem crê não ter, com respeito à vida depois da morte, esperanças radiantes, mas esperanças bastante débeis e misturadas à desconfiança e à dúvida. Pois teria sido extremamente injusto se

Sobre crer e não crer em Deus

algumas pessoas fossem dotadas de esperanças radiantes e de um discernimento claro e seguro e de uma límpida vontade de fazer o bem, e outras não tivessem tido nada; teria sido extremamente injusto, e para Deus fácil demais decidir entre os homens quais seriam os melhores e os piores; e dentre as pouquíssimas coisas que sabem de Deus, ele com certeza não ama a facilidade, mas a complicação.

No entanto, entre as inumeráveis complicações que dizem respeito a Deus, também é verdade que, ainda que com certeza ele ame a complicação, também ama, sem dúvida alguma, ser amado de um amor simples, despojado e pobre, visceral e obscuro: o amor visceral e obscuro com o qual amamos nossos filhos e todas as pessoas a que nos ligam vínculos estranhos à razão e ao julgamento, obscuros, inexplicáveis e radicados e sepultados nas profundezas do espírito; e detesta que construções complicadas e tortuosas sejam arquitetadas em torno de seu nome, construções nas quais estão necessariamente presentes o ferro e a pedra; e Deus, com o ferro e com a pedra, não sabe o que fazer.

Quem crê às vezes dirige a Deus pedidos precisos, para si ou para outros que lhe são caros; trata-se de pedidos que lhe parecem legítimos de serem dirigidos a Deus e nada ignóbeis; pedidos de coisas que muita gente possui em larga medida, e pelas quais ele acha mais do que justo implorar, para alguém que lhe importa ou para si. Rarissimamente Deus satisfaz seus desejos; ou pode acontecer de satisfazê--los, quando há um tempo ele parou de desejar e implorar por tais coisas e não se importa com mais nada; ou ainda acontece de satisfazê-los, mas uma dose de dor tão grande os acompanha e a eles se mistura que é impossível reconhecer, na dor e nas lágrimas, o desejo saciado. E de novo esse talvez seja um sinal da justiça de Deus: porque se alguns tivessem como pedir coisas a Deus, e como recebê-las, e ao recebê-las se sentissem preferidos por Deus, e outros fossem privados dessa possibilidade e desse prazer por não crer em Deus, seria extremamente injusto, e seria simples demais a vida para quem crê; e quem crê se sentiria apartado dos outros, mais forte, e o predileto de Deus: e então Deus imediatamente o deixaria lá. Seria possível objetar que o mundo transborda de injustiças, e não vemos rastro da tão famosa justiça divina, da qual tanto ouvimos falar; porém, são todas injustiças de algum modo de natureza terrestre, isto é, associadas a fatos humanos; esta, no entanto, seria uma injustiça concernente não a nosso destino terreno, mas a nossas relações com Deus.

Acontece às vezes de alguém que foi atingido por uma desgraça acreditar que, por ter sido abatido por uma desgraça, possa vislumbrar por um momento um sinal da predileção de Deus, como se Deus quisesse testar sua paciência e de alguma forma enriquecer sua alma de dor. Mas então ele pensa que gostaria que Deus o ignorasse e o esquecesse, pois sua predileção é muito cruel de suportar: e nesse caso o privilégio de uma suposta predileção não lhe gera nenhum tipo de orgulho, pois qualquer traço de orgulho é atropelado e banhado de lágrimas; e então ele pensa que a felicidade e a desgraça talvez sejam coisas que contam bem pouco no pensamento e nos desígnios de Deus.

É sem dúvida extremamente fácil, para alguém que crê, esquecer totalmente de crer e, quem sabe, viver anos e anos sem nunca ser tocado pela lembrança de Deus: ou porque está feliz demais e tão absorto em sua felicidade que considera Deus inútil; ou porque, ao contrário, está tão perdido na dor que não lhe parece mais possível oferecer a Deus nem insultos, nem lágrimas, e prefere o silêncio; falar com Deus seria o mesmo que falar consigo mesmo, e consigo mesmo ele não fala mais. De algum modo, sente que se tornou de pedra e lembra mal e confusamente que Deus não sabe o que fazer com as pedras.

Assim, quem crê tem a impressão de pouco a pouco se tornar idêntico, no espírito, a quem não crê, e as raras vezes nas quais se lembra de pensar em Deus tem a impressão de arregalar os olhos para trevas totalmente frias e desertas, onde o mundo gira e zune como um inseto desmemoriado e adormecido em seu inútil sono. Porém, um dia, de repente se encontra à mercê de uma cólera furiosa, por ter recebido ou por parecer ter recebido uma ofensa de alguém, e deseja estrangular essa pessoa e, aliás, estrangula-a em pensamento, e em seguida, se a vê diante de si, indefesa e misericordiosa, ou descobre que ela é melhor do que ele mesmo, e mais generosa, e que ele próprio preferiria a morte a causar-lhe um arranhão sequer; ou então repentinamente, ao vê-la diante de si, acha-a engraçada e tem vontade de rir, e também se acha engraçado na própria fúria, e sua cólera abruptamente desmorona e torna-se pó a seus pés; ele então fica estupefato e maravilhado e de alguma forma também decepcionado, mas tem uma sensação estranhíssima de leveza, de frescor e de liberação, como se o peso de chumbo de seu ser tivesse caído de seus membros; e tem a impressão de que ali, nas cinzas de sua cólera e em sua leveza, talvez esteja Deus; como quando tinha coberto Deus de insultos e depois em seu espírito começara a rir alto, de si mesmo e também de Deus. E disso deve-se deduzir que, se Deus existe, está sempre nos instantes e nos lugares onde a pessoa abandona o peso de chumbo do próprio ser e eleva o olhar da ebulição escura e venenosa de sua consciência obscura; olha para si mesmo como se fosse outro; olha seu próximo como seu próximo; e olha Deus como Deus.

É necessário não correr o risco de privar para sempre a alma de uma criança desses poucos instantes de maravilha e dessas sombras fugazes. Que acreditar em Deus torna a alma mais feliz, é falso; e que torna os homens melhores também é falso. Por isso, crer ou não crer seria algo irrelevante. Mas se crer ou não crer é irrelevante, significa então que tudo o que diz respeito a Deus tem importância imensa, inexplicável e essencial: quer dizer que Deus é mais importante que nossa crença ou descrença nele. Tanto é que quem não crê em Deus não fica absolutamente tranquilo com sua descrença, mas fica muitíssimo bravo quando alguém fala dele. O que quer dizer que Deus não lhe é absolutamente indiferente; quer dizer que não é indiferente para ninguém.

Se tais instantes têm tanta importância, mesmo sendo tão raros que poderíamos contá-los nos dedos, e extraordinariamente rápidos, tão rápidos e breves que são esquecidos na hora ou pelo menos pensamos tê-los esquecidos na hora, esse talvez seja de novo um sinal da existência de Deus. É também, contudo, um sinal de extrema miséria: insustentável aos olhos de quem não crê. Quem não crê possivelmente teve instantes idênticos, mas não os identificou, ou simplesmente os deixou à margem junto às próprias estranhezas. Quem crê, mesmo tendo a impressão de esquecer na mesma hora tais sombras e tais instantes, na verdade sempre os retoma em seu pensamento, como se fossem as cicatrizes de uma ferida; e em alguns instantes de lucidez tais sombras e raros instantes parecem o único bem que passou por seu destino.

Julho, 1970

Interlocutores

Quem escreve corre dois riscos: o risco de ser bondoso e tolerante demais consigo mesmo e o risco de se menosprezar. Se a pessoa tem apreço demais por si mesma, se transborda simpatia por tudo o que pensa e escreve, a facilidade e a fluidez com que escreve deveriam fazê-la desconfiar. Não desconfia porque, em seu espírito flamejante de um fogo vão, não há mais espaço para suspeitas ou julgamentos, e tudo o que inventa, pensa e escreve lhe parece satisfatoriamente legítimo, útil e destinado a alguém. Mas quando passa a se menosprezar, na mesma hora aniquila os próprios pensamentos, derruba-os com tiros de fuzil assim que surgem e começam a respirar e se vê amontoando convulsivamente cadáveres de pensamentos volumosos e pesados como pássaros mortos. Ou, ainda, por estar tomada de desprezo por si mesma e, ao mesmo tempo, de uma esperança obscura, escreve e reescreve a mesma frase infinitas vezes no alto da folha, na esperança absurda de que daquela frase imóvel de repente brote, por um milagre, vitalidade e reflexão.

Por isso quem escreve sente fortemente a necessidade de ter interlocutores. Isto é, de ter no mundo três ou quatro pessoas às quais submeter as coisas que escreve e pensa e com as quais falar delas. Não é preciso que sejam muitas: bastam três ou quatro. Para quem escreve, o público é uma proliferação e uma projeção, no desconhecido e no infinito, dessas três ou quatro pessoas.

Essas pessoas ajudam quem escreve a não ter uma simpatia cega e indiscriminada por si mesmo, bem como a não sentir por si mesmo um desprezo mortal. Ajudam-no a se defender da sensação de entusiamo e delírio solitários. Salvam-no das doenças que crescem e se multiplicam como uma vegetação estranha e triste nas sombras de seu espírito quando está sozinho. A escolha dos interlocutores é bastante estranha, e quem escreve não percebe nenhuma semelhança entre eles. Parece terem sido pescados ao acaso e sem nenhum critério no conjunto de pessoas à sua volta. Tal escolha não obedece ao afeto, nem à amizade, nem à estima; ou melhor, afeto, amizade e estima são necessários, mas não suficientes. Naturalmente, a pessoa espera que o destino sempre lhe traga novos interlocutores; e quando fica velha, não espera muito mais do que isso.

No momento atual, meus interlocutores talvez sejam quatro: meu amigo C.; duas amigas minhas, L. e A.; meu filho mais velho. Dentre as pessoas que vejo com bastante frequência, há outras que também gostaria de ter como interlocutores, mas como mais de uma vez tive receio de importuná-las ou a sensação de que não tivessem muita vontade de ler o que eu havia escrito, poupei-as. É necessário que os interlocutores nunca nos neguem nada.

Ademais, é absolutamente necessário que eles não nos julguem inúteis como escritores. Como geralmente se esconde em nós, com sutil e dolorosa insistência, o medo de ser inútil, ou melhor, de escrever coisas inúteis, é necessário que nossos interlocutores nos protejam desse medo.

Quanto a meu filho primogênito, por muito tempo pensei que não podia tê-lo como interlocutor, pois filhos não podem ser interlocutores, uma vez que costumam ser hipercríticos e implacavelmente severos conosco. Se isso não acontece, acontece o contrário, e é pior: consciente ou inconscientemente, eles tendem a nos mitificar. No entanto, em determinado momento descobri que este meu filho, do jeito estranho dele, é meu interlocutor. É um interlocutor assim: submeto-lhe o que escrevo, ele lê e imediatamente me cobre de ofensas e injúrias. O estranho é que suas injúrias não me ferem de maneira nenhuma e me dão vontade de rir. Ele também fica com vontade de rir, mas nem por isso desiste de proferir suas ofensas com uma prepotência divertida e selvagem. Riso e alegria jorram de seus olhos de carvão, de sua cabeça negra, crespa e selvática. Acredito que me ofender seja um dos prazeres de sua vida. Escutar suas ofensas certamente é um dos meus.

Para mim é difícil dizer que vantagem tiro dessa ofensiva. Não são críticas, mas ofensas. Ele me acha basicamente uma escritora melosa e sentimental. Mas essa é uma fórmula bastante adocicada e atenuada de seus ataques de fúria a respeito da minha escrita. E por que raios eu me sinto revigorada e reanimada e impelida a escrever ainda mais depois de tantas ofensas, é um mistério para mim. Secretamente, às vezes acho que o que escrevo de algum modo o deixa curioso, intrigado, e que no fundo seja de seu agrado. Não me despreza. Em seus insultos, não há nenhum sinal de desprezo.

Meu amigo C. é crítico. Ele é, em todos os sentidos, um interlocutor perfeito. Na verdade, é um interlocutor não somente meu, mas de várias outras pessoas que escrevem. Como ser humano, é inquieto e nem um pouco paciente. Mas tem uma paciência extrema com os que escrevem. Além disso, tem o estranho dom de animar e estimular no próximo as ideias e o desejo de escrever. Eu diria que é quase suficiente ver sua figura chegando para que sejamos impelidos a escrever. Sempre temos a sensação de que nos esquecerá na mesma hora em que sair pela porta, para então dedicar sua atenção a outras pessoas e textos que encontrará. Mas não importa. À sua maneira ele se mantém fiel aos amigos, pois, passados períodos de longa ausência, ele retoma o diálogo como se nunca tivesse sido interrompido.

Nem a meu amigo C. nem àquele meu filho posso pedir que leiam minhas peças. Meu filho costuma me dar opiniões tão negativas que, se eu o escutasse, rasgaria em pedacinhos todas as peças. Ele nem gasta sua sequência de insultos com elas. Desembucha poucas palavras. Ri e balança a cabeça com sua cabeleira negra. Em geral, diz que são comédias que fazem «dormir em pé». E também diz que não gosta muito de teatro, que quando vai ao teatro o tédio o faz suar e dá coceira. Ele foi algumas vezes ver peças minhas a pedido meu e por bondade e disse ter suado o tempo inteiro. Quanto a meu amigo C., das poucas vezes que lhe dei minhas comédias para ler, ele as levou para casa e todas as vezes as perdeu. Nunca entendi ao certo se ele as perdeu antes de lê-las ou depois. De todo modo, nunca me deu uma opinião verdadeira sobre elas, e ficou claro que ou não despertavam a sua curiosidade, ou não lhe agradavam.

Meu único interlocutor para as peças é minha amiga A. Ela sempre me deu opiniões que pude aproveitar. Por suas opiniões, entendi que ela realmente presta atenção. A atenção é um dom precioso e não é verdade que seja fácil de encontrar em qualquer esquina. Penso que quem escreve nunca se engana quanto à atenção do próximo, ou seja, sabe imediatamente quando o próximo não prestou a devida atenção e sua leitura foi ligeira, rasteira e distraída. Pela atenção de nossos interlocutores, podemos ter uma ideia se o que escrevemos vai merecer ou encontrar um pouco de atenção ou nenhuma. Não tem importância que minha amiga A. não tenha grande conhecimento sobre teatro, ou que tenha uma cultura teatral limitada. Talvez ela não possa me dar uma opinião definitiva a respeito de minhas comédias, mas pode me dizer qual delas lhe parece melhor ou pior. Acho que eu mesma deveria ter uma opinião definitiva sobre elas, talvez grosseira e rudimentar, e na medida em que um ser humano pode conceber uma opinião sobre si mesmo. Não tenho uma opinião definitiva sobre minhas comédias, e isso me parece um mau sinal. Sinal de imaturidade. Quando a pessoa atingiu uma maturidade mínima ao escrever, deve saber o que e por que raios escreveu o que escreveu. Para isso não precisa de interlocutores. Precisa de interlocutores na hora de escrever e logo depois, assim como ao subir uma montanha precisa de um gole d'água, ou de um apoio no ombro, ou da sensação de que tem alguém a um passo ou a uma respiração. Aos interlocutores não pedimos tanto um juízo crítico, lúcido e desencantado, mas certa participação, uma contribuição em palavras e pensamentos para nosso ofício solitário.

Dias atrás, chegando do campo a Roma, eu havia acabado de escrever uma coisa e queria começar outra. Não tinha interlocutores por perto, e me faziam falta. Tinha A., mas o que eu havia escrito não era uma comédia e A. é ótima sobretudo para as comédias. Tinha minha amiga L., mas L. estava de partida para a Capadócia. Estava ocupadíssima com os preparativos, passou voando pela cidade com seu perfil de águia. Consegui segurá-la no sofá de casa por uma meia hora para que lesse o que eu havia escrito. Disse-me algumas rápidas palavras que se mostraram preciosas. Essa minha amiga não é boa leitora de contos ou comédias, mas é preciosa para escritos reflexivos porque é muito perspicaz em distinguir o que é verdadeiro do que é falso. Quando ela foi embora, fiquei sozinha com meu segundo filho. Ele não é um interlocutor habitual acerca do que escrevo, pois sempre tenho a sensação de que me despreza como escritora, ou seja, me acha completamente inútil. Com ele sempre tenho a impressão de que no mundo tudo que não seja matemática, economia ou política lhe pareça, no fundo, fútil e inútil. O fato de ele não ser um interlocutor no que diz respeito ao que escrevo não limita em nada nossa relação, sendo possível conversar com ele sobre qualquer outro tipo de coisa. No entanto, naquela noite ele pediu para ler o que eu havia escrito, e lhe passei as páginas. Leu, riu um pouco e disse que aquele trecho «não estava mau». Suas palavras me deixaram bastante eufórica. No dia seguinte, joguei um novo texto rapidamente no papel. Era sobre privilégios de classe. Eu tinha muitíssimas dúvidas e algumas esperanças vivas. Quando ele voltou à noite, passei-lhe as novas páginas. Ele nunca me cobriu de injúrias como o outro filho — costuma ser bastante reservado e cauto ao dar sua opinião sobre meus escritos, e muito atento a não me ferir. De fato, não provoca feridas; no entanto, depois da opinião dele quase sempre me sinto inútil e frívola como um lenço de seda ao redor do pescoço.

Ele tinha deixado a barba crescer havia pouco e a acariciava enquanto lia, e pelo jeito como a acariciava eu ia entendendo que não estava gostando nem um pouco do que lia. Sua avaliação foi doce, sorridente e inexorável. Disse que eu havia feito confusão entre capitalismo e sociedade industrial. Eu não tinha me dado conta de que havia falado de capitalismo nem de sociedade industrial. Fiquei estupefata.

Eu havia comprado pijamas e camisas para ele. Ele disse que nunca usaria aquelas camisas porque tinham «relevo»; no tecido havia finíssimas listrinhas perfuradas, quase invisíveis. Eu não tinha percebido, pois fiz a compra à noite. Tampouco gostou dos pijamas, porque um era verde, e o outro, rosa. Só gosta de azul.

Não me pergunte jamais

No dia seguinte eu estava aborrecida com ele, pois tinha acabado com meu texto sem dó nem piedade e, além disso, fora embora e deixara no sofá as camisas e os pijamas, que dissera que ia trocar. Por ser bastante descuidado ao escolher roupas, quem poderia suspeitar que tivesse alguma coisa contra camisas com «relevo» e que soubesse diferenciar um tecido de outro? Eu achava que sentia antipatia por camisas com «relevo» provavelmente por considerá-las «frívolas». Achava que, a respeito de frivolidade e seriedade, e não só em relação a roupas íntimas e vestimentas, ele em geral tinha ideias equivocadas. No entanto, olhando melhor um dos pijamas que havia comprado, o rosa, descobri que na verdade era um rosa cor de vinho feio demais. Reli meu texto e o achei horroroso. Exalava um aroma adocicado.

Senti um desprezo tão grande e tão profundo por mim mesma que tive a impressão de que nunca mais conseguiria escrever. Havia rompido relações com o mundo e me via num caminho cheio de obstáculos que não imaginava como atravessar.

Quando meu filho voltou para casa, eu lhe disse que ele tinha razão. Mostrei meu texto dobrado em quatro e com um elástico em volta. Havia decidido deixá-lo de lado, jogá-lo no fundo de uma gaveta. Ele estava passando rapidamente para sair de novo e trocar o pijama rosa. Não tinha esquecido os pijamas. Saiu e logo depois voltou com um pijama azul.

Senti-me grata por ele não ter me permitido dar importância àquele texto e por ter, de algum modo, com bastante doçura, me levado a abandoná-lo. Agora, lentamente e com empenho, eu tinha de retirar do caminho pilhas de pensamentos mortos.

Agosto, 1970

Piedade universal

A pior desgraça dos homens, hoje, talvez seja a dificuldade de identificar as vítimas e os opressores nos acontecimentos. Diante de cada fato ocorrido, público ou privado, buscamos mentalmente, desesperados, as causas que o determinaram e o eventual culpado, mas depois, consternados, desistimos, pois percebemos que as causas são inumeráveis e a realidade é tortuosa e complexa demais para o juízo humano. Descobrimos que todo acontecimento, privado ou público, não pode ser pensado e julgado isoladamente porque, se aprofundarmos a investigação, veremos que sob ele se estendem infinitas ramificações de outros fatos que o precederam e que lhe deram origem. Nesse labirinto subterrâneo, rastrear os culpados e os inocentes torna-se um empreendimento desesperador. A verdade parece saltar de um ponto a outro, parece escorregar e escapar no escuro como um peixe ou um rato.

Vimos com nossos próprios olhos, em eventos privados ou públicos, que aqueles que amamos e por quem tivemos compaixão por terem sido vítimas podem de repente mudar, podem de repente surgir na pele odiosa da crueldade e da perseguição. No entanto, não conseguimos deixar de vê-los como as vítimas de antes. Não sabemos se devemos continuar a compreendê-los como vítimas ou se devemos julgá-los apenas dessa nova perspectiva. Além disso, parece horrível, e incompreensível, que aqueles que foram vítimas possam agir de modo violento com seus semelhantes e que não reconheçam em seus semelhantes o que eles mesmos foram até ontem. Investigando mais a fundo, percebemos que não existe ser humano ou condição humana que não tenha sofrido injustiça e não mereça compreensão. No entanto, se houvesse compreensão universal, ninguém mais poderia ser julgado nem condenado. A responsabilidade individual e o juízo moral seriam então destinados a desaparecer do planeta.

Os mais velhos que nós, entretanto, têm a memória bem clara de uma época não muito distante, quando tomar partido de um lado ou outro e identificar o certo e o errado no mundo era uma coisa extremamente simples. Naquela época, a imagem da verdade era clara, inconfundível e inabalável, e sempre sabíamos onde ela estava. Nunca poderíamos pensar que um dia ela nos pareceria secreta e equívoca. Não só os fatos de antigamente eram simples de julgar, oferecendo-se a nossos olhos em cores claras que resplandeciam uma imagem luminosa e solar da verdade, e não só tínhamos em mente uma realidade bem menos densa e menos imensa, onde nos movíamos seguros entre a indignação e o assentimento. Mas nas pessoas não havia se insinuado a ideia de que a inocência e a culpa estão quase sempre misturadas e emaranhadas em nós tão apertados que o homem, com seu método inadequado, grosseiro e pobre de sentidos não consegue desfazer. Ainda não havia se insinuado a ideia de que o homem se torna fraco e desprovido diante da complexidade dos fatos. A consciência de nossa incapacidade em reconhecer e seguir a verdade em meio a milhões de implicações, explicações e ramificações é fonte de profunda infelicidade para nós.

Diante de toda ação que tenderíamos a julgar como cruel e injusta, nos dizemos e nos dizem que há outras em outros lugares do mundo que são ainda mais injustas, mais cruéis e mais sanguinolentas. Assim, a indignação é sempre adiada e projetada em outro lugar. Quando acreditamos ter reconhecido o mal e a culpa em uma pessoa específica, para a qual gostaríamos de direcionar um ódio justo, nos dizemos e nos dizem que por trás daquela pessoa há instituições, potências, interesses intricados, e que se observarmos a pessoa com atenção veremos que, no fundo, ela é apenas uma vítima indefesa e livre de culpa. Além do mais, entendemos ou nos dizem que nossa indignação ou nossa aprovação dos indivíduos não têm nenhum sentido e que o essencial não é se indignar ou aprovar, mas estudar as causas e as origens de cada um dos fatos. Pensamos ou nos dizem que é estupidez usar nosso habitual metro como medida do bem e do mal. Nós mesmos o achamos simples, inadequado e superado. Ao utilizá-lo, parece que estamos usando uma pá, já que agora nossos membros e nossa mente são avessos a compassos e calculadoras. Temos vergonha de usar metro tão caseiro e simples. E no entanto pensamos que, por mais que o ridicularizemos e o vejamos como simples, não deixa de ser um instrumento de qualidade insubstituível. Sem ele o mundo se torna completamente indecifrável. É verdade que é um metro inadequado, no sentido de que hoje nos encontramos diante de uma extensão densa e imensa, e é verdade que nossos membros agora fracos e hesitantes não sabem mais usá-lo. Talvez o segredo fosse tornar esse instrumento mais articulado, delicado, sensível, transformá-lo em alguma coisa que se movimentasse junto com a nossa inteligência. Mas não conhecemos esse segredo, e estamos longe de conhecê-lo. Assim, hoje, o medidor do bem e do mal cai de nossas mãos como uma pá, e não podemos fazer nada além de lamentar sua precariedade e sua pobreza.

Piedade universal

239

Para todo acontecimento privado ou público de que somos testemunhas ou protagonistas, nossa reação instintiva é experimentar indignação ou aprovação. Estamos carregados de amor e de ódio e adoraríamos sempre saber quando e para onde dirigi-los. Sem saber para onde e a quem dirigi-los, porque nos dizemos ou nos dizem que nesse nível de complexidade as responsabilidades individuais têm importância mínima, sentimos nos braços um peso enorme de amor e ódio e não sabemos o que fazer com eles. Eles estragam e apodrecem em nossos braços e a nossos pés, e enquanto isso voltamos à realidade um olhar encoberto de cansaço e comiseração universal.

Sem coragem de atribuir valor a nosso juízo moral e com enorme vergonha de empregá-lo, hoje só temos à disposição uma grande piedade de nós mesmos e de todo o universo. No que diz respeito à comiseração universal, temos certeza absoluta de não errar. Parece-nos o único sentimento ao qual podemos nos entregar sem cometer erros. Parece estranho que transborde tanta piedade em nós e em nossos semelhantes, porque os acontecimentos e o mundo ao redor são extremamente cruéis e implacáveis, e nunca vemos neles nem sombra da piedade profunda que reina em nosso espírito. Talvez seja porque nossa piedade universal não é amparada nem pela inteligência, nem por uma vontade real de tornar o mundo melhor e nos tornarmos melhores nós também, mas é simplesmente fruto de cansaço e confusão. É como quando, depois de uma crise de choro nervosa, nos sentimos prostrados, mas não diferentes. Além disso, sabemos que não estamos errados em chorar, pois a única coisa indiscutível é que este nosso mundo não é digno de lágrimas.

De tal maneira que os vencedores assumem uma face odiosa com demasiada facilidade. A vitória logo adquire dimensões gigantescas, monstruosas e irreais, desfazendo qualquer vínculo com a comunidade dos homens. Porque nosso mundo, que é um mundo de infelizes e fracos, detesta gerar vencedores, pois sabe que os vencedores logo passarão a apresentar hábitos desumanos e vestes irreais, desoladoras e lúgubres. Por isso não sabemos de que lado ficar, mas no fim das contas nos sentimos inclinados a ficar do lado daqueles que perdoam. É a única coisa que podemos fazer nesta nossa busca desesperada e confusa por alguém que possamos amar sem engano. Talvez a nossa não seja uma busca moral, mas a obediência a um instinto de afinidade. Não sabemos nem imaginar um mundo feliz onde os vencedores não sejam odiosos. Somente nos perdedores acreditamos ser possível reconhecer nossos semelhantes, pois se os tomarmos por vítimas desventuradas e ultrajadas, pelo menos no momento atual teremos toda a certeza de não errar.

Outubro, 1970

Piedade universal

Retrato de escritor

O escritor, quando jovem, sentia-se culpado quando escrevia. Não sabia por quê. Escrever era o que ele desejava e se propunha fazer desde a mais tenra infância. No entanto, sentia-se culpado. Pensava confusamente que deveria ter se instruído e estudado, para assim escrever coisas sérias. Não estudava, mas passava o tempo pensando que precisava tornar-se mais culto. As horas que dedicava à escrita, achava que eram horas roubadas.

Ao escrever, sentia que devia correr feito louco para logo concluir. Já tinha acontecido de não conseguir terminar o que havia iniciado, por isso terminar era sua principal aspiração. E então o sentimento de culpa às vezes desaparecia. Era como um garoto que roubava uvas. Nessa corrida vertiginosa, pensamentos negativos o atormentavam, verdadeiro enxame de vespas em volta de sua cabeça. Tinha de levar as uvas para pessoas desconhecidas, remotas e misteriosas. Achava que eram muito diferentes dele mesmo e de todos com quem estava acostumado a conviver. Tinha medo delas. E temia que deslizamentos e terremotos se tornassem obstáculos em sua corrida; temia não encontrar ninguém ao chegar, porque a terra onde estavam essas pessoas já teria explodido.

Quando acabava de escrever, passava longos anos sem escrever de novo. Perdia e esquecia os caminhos que o levavam a escrever. Suas mãos enferrujavam, suas ideias se confundiam. Aos poucos, na desordem de seus pensamentos, lembrava que no passado havia escrito alguma coisa; e sentia que estava traindo seus antigos propósitos. Então declarava a si mesmo que tinha o dever de escrever novamente. Essa ideia severa projetava, em meio a uma vida tomada por outras ocupações, um sentimento de culpa. Às vezes pensa que encontrou formas de se sentir culpado, por razões opostas, durante toda a sua vida.

Já velho, escreve bem lentamente. Para e volta dez vezes para fazer e desfazer. Tornou-se extremamente paciente. De vez em quando pensa que antes de morrer deve tirar de si tudo o que tem. Essa ideia, porém, não o deixa nem um pouco ansioso. Em alguns momentos acredita não ter mais nada a tirar de si; ou, se não, que ainda tem somente coisas muito complicadas, emaranhadas e distorcidas. Jamais gostou de se meter em complicações. Agora, no entanto, seu pensamento às vezes se enrosca em estranhos emaranhados. Lentamente, ele procura se desembaraçar. Sua lentidão e paciência são novas para ele, e elas lhe são antipáticas. Achava bem melhor correr como louco, feito um ladrão.

Agora não pensa mais que terá de oferecer o que escreve a gente remota e misteriosa. Costuma destinar o que escreve a três ou quatro pessoas que vê com frequência. Nos momentos de desconforto, tem a impressão de que essas três ou quatro pessoas não entendem nada. Pede ao destino que lhe traga nova pessoas, ou que faça reviver nas antigas a antiga luz. Enquanto pede, lembra que seu destino não costuma ouvir seus pedidos.

Não tem mais medo de terremotos repentinos. Habituou-se a escrever em situações acerbas e nada cômodas, e com opressões e sofrimentos que o dilaceram, como alguém que aprendeu a respirar mesmo embaixo de uma montanha de escombros.

Quando jovem, era dotado de fantasia. Nada de mais, mas um pouco ele tinha. O fato de ser pouco fantasioso o preocupava. Por ter decidido e almejado ser escritor e romancista desde a infância, achava muito estranho ter pouca imaginação. Sentia também que tinha pouquíssimo espírito de observação. Colhia, na realidade ao redor, um número muito modesto de detalhes e os guardava escrupulosamente em sua lembrança; mas para ele todo esse conjunto parecia imerso em uma nuvem de vapor. Era muito distraído. Às vezes se perguntava quais eram suas qualidades como escritor. Não conseguia pensar em nenhuma. Às vezes pensava que escrevia simplesmente porque tinha decidido assim havia muito tempo. Em seu íntimo, sentia um tumulto obscuro e vertiginoso, como um rio secreto; e tinha a impressão de que o seu escrever nascesse daquelas águas. Mas não conseguia tirá-lo de lá.

Sua imaginação não era nem aventureira nem generosa. Era uma imaginação árida, custosa e frágil. Ele a via como um bem frágil, delicado e precioso. Tinha a sensação de arrancar, de um solo árido, poucas flores lânguidas e tristes. Queria ter tido uma paisagem enorme de pradarias e bosques. Assim, sentia-se pobre. Achava que tinha de usar seus bens com parcimônia. Era ao mesmo tempo cauteloso, impetuoso e parcimonioso. Também era impetuoso porque sentia que, se hesitasse, veria escapar-lhe também o desejo.

Mais que parcimônia, o que ele tinha era avareza mesmo. Inventava algumas poucas coisas e as dizia com palavras rápidas e secas. Como queria amar o que escrevia, chamava sua avareza de sobriedade. Era muito forte sua determinação em ignorar os próprios defeitos ou em transformá-los em algo nobre, amável e lisonjeiro.

Mas às vezes dizia a verdade a si mesmo. Admitia não gostar de sua avareza. Sentia-se dotado de prodigalidade.

Retrato de escritor

Queria ter escrito rios de páginas vertiginosas e tempestuosas, e ao mesmo tempo límpidas e perfeitas. Suas páginas, entretanto, eram de uma nitidez imediata, ordenada, limpa e avara. Tal nitidez era enganosa porque ele na verdade via o mundo diante de si encoberto de vapores. Assim, além de avaro ele também era mentiroso. Sua avareza provinha do medo de revelar aquele seu mundo despojado, inculto e nebuloso. Abria sobre esse seu mundo apenas algumas frestas avaras. Agarrava-se a isso e contava as áridas flores. Tudo com pressa, devido àquele seu sentimento de culpa. Sentia-se um ladrão: um ladrão muito mesquinho, calculista e nervoso. Nos poucos momentos de lucidez, sentia que era detestável.

Todavia, iludia-se com a ideia de que futuramente passaria a ter o dom da criatividade e da observação. De repente passaria a ter uma imaginação imensa e verde, uma selvagem vastidão de bosques. Passaria também a ter um vasto cultivo de ideias. Então distribuiria seu patrimônio assídua e generosamente.

Agora em seu futuro há apenas um trecho ruim e assolado de estrada, onde a grama não cresce. Sua fantasia desapareceu. Não tem mais nenhum sentimento de culpa e nenhuma pressa. Tornou-se paciente. Passa as horas fazendo e desfazendo. Sente desprezo por si mesmo, mas não sentimento de culpa: simplesmente despreza a si mesmo, não gosta da própria paciência. Com a fantasia, desapareceu também a avareza: tornou-se generoso e daria embora tudo o que possui, embora às vezes tema não possuir mais nada.

Quando jovem, sentia uma inveja profunda de seus livros. Chegava a perscrutá-los e estudá-los para entender como conseguira escrevê-los. Depois percebeu que era uma investigação inútil. Não aprendia nada com eles: observá-los era observar uma parede branca.

Não conseguia ter uma relação serena com seus livros. Adorava alguns, desprezava outros. Lia-os e relia-os sem descanso, em busca de amá-los a qualquer preço. Pensava neles com frequência e em demasia. Achava que haviam sido escritos com admirável sobriedade e rapidez. O que agora vê como seu defeito essencial, a escassez de fantasia e o ritmo breve e nervoso, antes via como graça, e sentia orgulho. Todavia, era só alguém falar mal de seus livros para que ele de repente passasse a detestá-los e os rasgasse em pedacinhos dentro de si. E então durante anos tinha horror a eles, a ponto de nunca abrir o armário onde estavam guardados. Agora, às vezes encontra seus livros em pensamento; acontece de ir até o armário, pegar um nas mãos, folheá-lo por um instante; não sente nenhuma inveja, tampouco horror, apenas um leve asco; eles o fazem se lembrar sobretudo dos momentos em que escrevia, dos lugares inventados, misturados a fragmentos de lugares reais onde se instalara na época em que os escreveu, quando ainda tinha imaginação para combinar e inventar: lugares que estão dispersos em sua memória, formando uma geografia na qual apenas ele pode se orientar. Lembra que, no instante em que deveria deixar esses lugares porque havia terminado, sentia-se triste e perdido como alguém que precisa deixar um país do qual conhece todas as esquinas e casas e ao qual sabe que certamente não voltará mais; e lembrando a grande pressa e rapidez com que escrevia, pergunta-se agora se realmente era preciso ter pressa e por que não ficou mais tempo por lá, naqueles lugares que inventara com grande avareza, mas com precisão.

Em seus livros, há palavras e frases que há anos passou a odiar. Porém a ideia de apagá-las e reescrevê-las nem lhe passa pela cabeça. Várias pessoas já leram tais frases, seria inútil destruí-las. Além do mais, teria calafrios ao tocar em uma só palavra de seus livros; ele sente que essas frases e palavras estão ali imersas em uma pedra de gelo. No fundo, nem mesmo agora tem uma relação serena com seus livros. Então logo os fecha e os deixa de lado. Espera que outras pessoas os amem, já que no fundo ele não os ama mais. Sente uma espécie de tolerância vaidosa para com seus livros. Tolerância que dentro dele vive unida à aversão. Parece-lhe, contudo, que são tolerância e aversão não tanto aos livros, mas principalmente ao que ele mesmo era quando os escrevia.

Todavia, ele às vezes acha que em seu pouco apreço pelos próprios livros, em sua recusa a reescrever as partes que odeia, haja algo que não é bom — a já cansada renúncia a ser, perante si mesmo, o escritor límpido e perfeito que ele queria ter sido.

Não tem mais nenhuma vontade de inventar. Não sabe se é porque está cansado e por sua fantasia estar morta — sempre fora mísera, frágil e doente, e agora está morta —, ou porque entendeu que não foi feito para inventar, mas para contar coisas que entendeu sobre os outros, ou sobre si, ou coisas que realmente lhe aconteceram.

Não sabe se deve chorar a morte de sua fantasia como uma perda ou saudá-la como uma libertação.

No passado, chegava a se valer de alguns aspectos de sua vida real, mas os misturava e construía em torno deles coisas inventadas, de forma a tornar esses poucos aspectos irreconhecíveis não só para os outros como para si. Sua operação de misturar e empastar era tão rápida que quase na mesma hora esquecia que a tinha realizado; mas ao mesmo tempo ficava repetindo freneticamente os seus cálculos e pesando cada ingrediente em sua balança meticulosa e secreta. Às vezes sentia-se não um ladrão, mas uma cozinheira, ou melhor, um farmacêutico. No fim, tinha diante de si uma coisa cuja porção de verdade havia sofrido uma metamorfose absoluta e total.

Seu espírito não sabe mais realizar uma metamorfose como essa, ou se recusa. Hoje em dia, quando quer retirar algum fragmento de sua vida real para empastar e manipular como fazia antigamente, tem a impressão de que cada fragmento carrega o todo consigo. Suas pequenas balanças foram invertidas e atropeladas. Não se sente mais nem um farmacêutico, nem uma cozinheira. Não se sente mais nem mesmo um ladrão, pois não deseja fugir. Além disso, não saberia para onde fugir. Sente-se ele mesmo. Não é mais avaro, até porque lhe seria impossível medir a verdade. Tornou-se, então, lento e paciente, também porque a verdade desenha diante dele arabescos difíceis de decifrar. Porém considera essencial decifrá-los. Seu pensamento permanece preso a eles algumas vezes. Acha difícil desatar seus nós porque sua razão é muito incerta e confusa. Além disso, de vez em quando tem medo de que esses arabescos sejam importantes apenas para ele. Sempre odiou a ideia de escrever somente para si. Mesmo quanto era avaro não suportava esta ideia. As três ou quatro pessoas a quem costuma destinar o que escreve lhe dão opiniões contrastantes, e ele não sabe qual delas é certa ou errada. Não consegue ver, detrás delas, mais ninguém. Em alguns momentos sente-se esmagado pela ideia de que agora talvez escreva somente para se decifrar. Parece-lhe um esforço totalmente inútil. Não tem sentimento de culpa porque não pensa que poderia fazer outras coisas mais úteis. Em sua cabeça, há o projeto e o desejo de fazer diferente. Sente-se preso a isso até a morte.

A verdade traz a seus pés memórias que o fazem sofrer. Sim, ele se acostumou a escrever oprimido por um acúmulo de ruínas; teme, porém, que ao tocar em tantas memórias queime as mãos e os olhos. Além disso, tem medo de que suas memórias façam mal a outras pessoas também, pessoas que ama e que estão presentes em sua vida. Comparado a contar a verdade, inventar lhe parece como brincar com uma ninhada de gatinhos; contar a verdade é para ele como mover-se em meio a um bando de tigres. Às vezes se diz que para um escritor tudo é legítimo, desde que escreva: até mesmo soltar tigres e levá-los para passear. Porém, na verdade não pensa que os escritores tenham direitos diferentes das outras pessoas. Assim, se vê diante de um problema que não sabe resolver. Não quer ser um pastor de tigres.

Pensa que fez tudo errado desde o primeiro instante em que começou a escrever, ainda menino. Deveria ter amado a invenção assim como hoje ama a verdade. No entanto, o amor que dedicou à invenção foi pouco e foi frio. Em resposta, ela não lhe deu nada além de imagens avaras e gélidas.

Agora pede à verdade o que a invenção nunca lhe deu. Enquanto pede, percebe que está pedindo uma coisa impossível. Na hora em que decide contar a verdade, perde-se, contemplando sua violência e sua imensidão.

Pensa que não fez nada além de amontoar erros em cima de erros. Como foi estúpido. Também se fez um bom número de perguntas estúpidas. Perguntou-se se escrever era um dever ou um prazer. Estúpido. Não era nem um, nem outro. Em seus melhores momentos, era e é como habitar a terra.

Outubro, 1970

Advertência

Neste volume estão reunidos quase todos os escritos que publiquei no *La Stampa* entre dezembro de 1968 e outubro de 1970. Agradeço ao jornal por ter me permitido republicá-los.

Quanto ao conto «A casa», este saiu em *Il Giorno*, em 1965; e depois no quinzenal *Romances e contos*. Os escritos «Bigodes brancos», «Infância e morte», «Sobre crer e não crer em Deus» e «Retrato de escritor» são inéditos.

Tinha pensado em dividir os textos em duas seções: em uma, os escritos ou relatos de memória; na outra, os demais. Mas na hora da separação me dei conta de que a memória muitas vezes se misturava aos escritos de não memória. Então desisti e os deixei em ordem cronológica.

Jamais consegui ter um diário; esses escritos talvez sejam algo semelhante a um diário, no sentido que fui anotando pouco a pouco o que ia lembrando e pensando; por esse motivo, a ordem cronológica é a mais correta.

Novembro, 1970

Depois de muitos anos, ao reimprimir este livro quis acrescentar o conto «Lua palidasse», publicado no *Corriere della Sera* no verão de 1976 e, mais recentemente, na edição das minhas *Opere* (coleção Meridiani, da Mondadori). Por ser, de algum modo, a sequência de «Bigodes brancos», julguei necessário situá-lo depois desse, nesse caso ignorando a ordem cronológica a que obedeceram os demais escritos.

Janeiro, 1989

Das Andere

1 Kurt Wolff
Memórias de um editor

2 Tomas Tranströmer
Mares do Leste

3 Alberto Manguel
Com Borges

4 Jerzy Ficowski
A leitura das cinzas

5 Paul Valéry
Lições de poética

6 Joseph Czapski
Proust contra a degradação

7 Joseph Brodsky
A musa em exílio

8 Abbas Kiarostami
Nuvens de algodão

9 Zbigniew Herbert
Um bárbaro no jardim

10 Wisława Szymborska
Riminhas para crianças grandes

11 Teresa Cremisi
A Triunfante

12 Ocean Vuong
Céu noturno crivado de balas

13 Multatuli
Max Havelaar

14 Etty Hillesum
Uma vida interrompida

15 W. L. Tochman
Hoje vamos desenhar a morte

16 Morten R. Strøksnes
O Livro do Mar

17 Joseph Brodsky
Poemas de Natal

18 Anna Bikont e
Joanna Szczęsna
Quinquilharias e recordações

19 Roberto Calasso
A marca do editor

20 Didier Eribon
Retorno a Reims

21 Goliarda Sapienza
Ancestral

22 Rossana Campo
*Onde você vai encontrar
um outro pai como o meu*

23 Ilaria Gaspari
Lições de felicidade

24 Elisa Shua Dusapin
Inverno em Sokcho

25 Erika Fatland
Sovietistão

26 Danilo Kiš
Homo Poeticus

27 Yasmina Reza
O deus da carnificina

28 Davide Enia
Notas para um naufrágio

29 David Foster Wallace
Um antídoto contra a solidão

30 Ginevra Lamberti
Por que começo do fim

31 Géraldine Schwarz
Os amnésicos

32 Massimo Recalcati
O complexo de Telêmaco

33 Wisława Szymborska
Correio literário

34 Francesca Mannocchi
Cada um carregue sua culpa

35 Emanuele Trevi
Duas vidas

36 Kim Thúy
Ru

37 Max Lobe
A Trindade Bantu

38 W. H. Auden
Aulas sobre Shakespeare

39 Aixa de la Cruz
Mudar de ideia

40 Natalia Ginzburg
Não me pergunte jamais

41 Jonas Hassen Khemiri
A cláusula do pai

42 Edna St. Vincent Millay
Poemas, solilóquios e sonetos

43 Czesław Miłosz
Mente cativa

44 Alice Albinia
Impérios do Indo

45 Simona Vinci
O medo do medo

46 Krystyna Dąbrowska
Agência de viagens

47 Hisham Matar
O retorno

48 Yasmina Reza
Felizes os felizes

49 Valentina Maini
O emaranhado

50 Teresa Ciabatti
A mais amada

Dados Internacionais de Catalogação na Publicação (CIP)
(Câmara Brasileira do Livro, SP, Brasil)

Ginzburg, Natalia
    Não me pergunte jamais / Natalia Ginzburg ; tradução
Julia Scamparini. — Belo Horizonte, MG : Editora Âyiné, 2022.

    Título original: Mai devi domandarmi.
    ISBN 978-65-5998-034-5

    1. Artigos jornalísticos - Coletâneas 2. Literatura italiana
3. Memórias autobiográficas 4. Reflexões I. Título.

22-105734   CDD-850

    Índices para catálogo sistemático:
    1. Literatura italiana 850

    Eliete Marques da Silva - Bibliotecária - CRB-8/9380

Composto em Bembo e Akzidenz Grotesk
Belo Horizonte, 2022